W0397608

LE JOUR DU DERNIER PAPE

© ÉDITIONS MELCHIOR, 1999
8, cours des Bastions
CH-1205 Genève
www.editorg.ch/melchior

Tous droits réservés pour tous pays
ISBN 2-940024-17-0

Couverture et illustration : ARVID

Philippe Remy

LE JOUR DU DERNIER PAPE

ÉDITIONS MELCHIOR

A Gisèle et Julien-Paul,
à l'origine du Big Bang de ma vie.

Douter de tout ou tout croire, ce sont deux solutions
également commodes qui, l'une et l'autre,
nous dispensent de réfléchir.
(H. POINCARE, *La science et l'hypothèse*)

PROLOGUE

AVIONS, taxis, pieds volants. Moi qui fus si longtemps sédentaire, je ne suis plus que voyage halluciné à travers l'espace et le temps. En route vers le bout du monde, le vrai, là où la terre, dans un ultime effort, s'arrache désespérément pour embrasser l'azur étoilé. Là où la spiritualité vous étreint l'âme la plus réticente. Est-il possible que tout ici bas ne soit que symboles et métaphores ? L'élévation d'un esprit procède-t-elle de l'ascension des sommets ? Les cimes immenses qui m'entourent sont-elles les phallus de la raison, si virile et occidentale, impuissantes à saisir le mystère insondable de la voûte matricielle ?

Je ne suis pas là pour rêver, mais pour agir. Et mon corps brisé se raidit dans la foulée du guide. Il s'est retourné avec un sourire qui en dit long : nous approchons.

Oui, nous approchons, mais de quoi ? Du dénouement ? De la fin ou du début de ma vie ? Au loin, un battement de tambours déchire la plénitude silencieuse. Et puis, ce sont des roucoulements de pipeaux, de lourds coups de gong. Voilà que débute l'une de ces étranges cérémonies qui rythment la vie au cœur de l'Himalaya.

De monastère en monastère, j'ai suivi la Voie, celle qui mène au dernier sanctuaire. L'Agartha, le centre occulte de la Terre, est-il sous mes pas ? A vrai dire, l'existence des Supérieurs inconnus et du Roi du monde m'importe peu, pour l'heure. Cette légende millénaire, partagée par des millions d'Asiatiques et quelques milliers d'Occidentaux, n'est pas mon rêve. Seulement la chimère poursuivie par une personne que je cherche et qu'il me faut retrouver à tout prix.

Un mouvement inconscient m'a amené à vérifier la présence du revolver dissimulé sous mes vêtements. Et soudain la dureté du métal me semble concentrer toute l'incongruité de l'univers. Course contre la montre, violence et désir ont-ils leur place en ces lieux de paix, où des hommes viennent quérir l'abolition du temps et des besoins ?

*
* *

Dans la grande salle où je me trouve assis en compagnie du premier lama et de ses disciples, une sensation d'écrasement s'empare de moi. Le plafond est bas, les tables sont basses, mais il y a davantage qu'une perception spatiale car la pesanteur elle-même est modifiée. Je voudrais me lever mais je n'y parviens pas. Autour de moi, les objets et mes voisins m'apparaissent déformés. Au prix d'un effort herculéen, je tourne les yeux vers le premier lama qui me regarde attentivement, avec un sourire de Joconde. L'inquiétude me gagne. Suis-je victime d'un début d'hypnose ? A moins qu'on m'ait empoisonné ? Ces bols sur les tables. Cette mixture jaunâtre, peu agréable, qu'il m'a fallu ingurgiter par bienséance.

La voix de mon guide me parvient, apaisante, rassurante. Dans un anglais approximatif, mais que je comprends comme jamais, il tente de me traduire les paroles du maître. Celui-ci souhaiterait que j'explique les raisons de ma présence dans la forteresse sacrée. Cette curiosité inattendue me déconcerte et m'embarrasse. Comment pourrais-je lui répondre ? L'extraordinaire aventure dans laquelle je me suis englué en appelle à trop d'épisodes, s'enracine trop profondément dans l'histoire de ma civilisation occidentale. Et puis, surtout, le temps presse. Alors, j'ouvre la bouche avec difficulté pour poser mes propres questions, mais les mots qui me quittent ne sont pas ceux que ma conscience a formulés. Stupéfait, je m'entends entreprendre le récit des événements singuliers qui ont bouleversé mon existence.

CHAPITRE PREMIER

Je suis à la recherche de l'or du temps.
(André BRETON)

QUAND cette histoire a-t-elle débuté ? Au Ier siècle de notre ère, sur l'île de Patmos, avec Jean l'Evangéliste, le disciple préféré du Christ ? Faut-il remonter aux prophètes de l'Ancien Testament ou aux faits décrits dans la Genèse ?

Peut-être devrais-je dérouler mon récit à partir de la basilique Saint-Paul-hors-les-murs, de la place Saint-Pierre ou des jardins de la Villa d'Este. Rome, le Vatican, Tivoli, autant de cadres somptueux, de carrefours, surtout, de notre civilisation occidentale, à la hauteur des événements qu'il me faut vous conter.

Il y a l'histoire et l'Histoire. A vrai dire, elles se confondent ici en bien des points, mais l'une, la majuscule, m'en impose trop. La minuscule, quant à elle, s'avère fuyante et multiplie les points d'ancrage. Mais n'est-ce pas le cas de toute histoire véritable ?

Alors, s'il faut choisir, assez arbitrairement mais tant pis, disons que tout pourrait avoir commencé un soir maussade de mai 1996, à quelques mètres du boulevard de Ménilmontant, dans le XXe arrondissement parisien.

Au moment où je m'engageais dans l'avenue principale du Père-Lachaise, convié à un rendez-vous qui allait faire basculer mon existence, j'aurais dû m'arrêter, regarder derrière moi Paris et mes années d'insouciance. Je n'étais qu'un jeune homme de trente ans à la vie tranquille, mais je pensais avoir accumulé un certain vécu : une première histoire d'amour m'avait révélé la psychologie cannibale de ma mère, et offert une relecture exagérément traumatisante et romanesque de mon adolescence ; une seconde s'était terminée tragiquement, m'incitant à larguer Bruxelles et un boulot d'enseignant pour réussir une carrière d'écrivain à Paris. Je n'avais plus les rêves puérils de gloire et de fortune de l'enfance, mais je ressentais l'appel d'un destin, la nécessité de laisser quelque chose derrière moi. A défaut d'une œuvre littéraire ambitieuse, je me satisfaisais d'apprendre mon métier dans une grande maison d'édition, accumulant les commandes : biographies, livres didactiques divers. Je travaillais comme un fou et n'avais encore rien visité, ni personne, limitant ma connaissance de la faune parisienne aux directrices de collection, aux rédactrices et aux correcteurs.

*

* *

Devant moi, il y avait cet extraordinaire cimetière de 44 hectares et 100.000 sépultures, un ancien domaine des jésuites où avait séjourné François d'Aix de La Chaise, le confesseur de Louis XIV. A en croire le plan que je venais d'acheter, un million d'êtres humains avaient été inhumés depuis l'aménagement du site, en 1804, mais 900 000 d'entre eux avaient déserté les premières loges. Où se trouvaient-ils à présent ? En contemplant le *Monument aux morts* de

Bartholomé, je songeais à la théâtralité vaniteuse et vaine, absurde et pathétique, de cette comédie humaine chère à Balzac. Et justement, il me fallait gagner la sépulture du grand Honoré. Je pris sur la gauche l'avenue de la Chapelle, puis le premier sentier à droite. Quelques minutes plus tard, j'avais atteint le lieu du rendez-vous. Personne en vue. Je ressortis le message laconique et déconcertant découvert quelques heures plus tôt dans ma boîte aux lettres :

Cher Philippe-Emmanuel Sauterre,

J'ai des révélations à vous faire concernant les circonstances de la mort d'Ophélie. Je vous attendrai ce soir au Père-Lachaise. Une heure avant la fermeture, devant le tombeau de Balzac. Deux précisions d'importance : habillez-vous chaudement, et de la manière la plus sombre possible.

Son frère.

A la première lecture, un aiguillon sinistre m'avait perforé l'âme. Ophélie. Un amour à peine esquissé, que son issue atroce avait inscrit en lettres écarlates sur la tapisserie de mes souvenirs. L'émotion avait cédé rapidement la place à la stupéfaction : je ne lui connaissais nulle parenté et l'incendie qui l'avait emportée, avec sa secrétaire, n'était qu'un accident. Et puis, ces considérations vestimentaires... Avais-je affaire à un plaisantin morbide de bas étage ? Cela avait été ma première impression, puis je m'étais ravisé. A Paris, je n'étais qu'un célibataire anonyme et solitaire. Qui aurait pu connaître mes antécédents bruxellois ? Si, par contre, j'envisageais que quelqu'un m'ait rejoint à partir de la capitale européenne, l'affaire se corsait. D'autant que le lieu du rendez-vous incitait à la réflexion. Passe pour le Père-Lachaise : mon correspondant aimait le grand air, ou le calme majestueux de cet écrin vallonné et verdoyant. Mais la sépulture de Balzac ! Située à distance respectable des entrées ou des axes principaux du cimetière, elle se serait révélée difficile à découvrir si je n'avais eu recours à un plan détaillé. Alors, la question s'imposait : savait-il qu'Honoré avait longtemps été mon auteur de chevet, que j'avais lu quarante à cinquante de ses romans et nouvelles ? Ces dernières années, je m'étais cependant tourné vers des lectures plus actuelles et je ne me souvenais pas l'avoir évoqué. Sauf avec Ophélie.

Je jetai un coup d'œil à ma montre et me dis que je serais bientôt fixé. Pour tuer le temps, j'ouvris le plan, parcourant les emplacements des plus illustres occupants du site. Héloïse et Abélard, La Fontaine et Molière, Musset, Eluard, Méliès et Nadar, Sarah Bernhardt, Jules Berry, Piaf et Signoret, Bizet, Beaumarchais, Proust et Oscar Wilde... Les noms défilaient, me suggérant des images et des scènes, scansion incantatoire au pouvoir hypnotique, qui m'engourdissait progressivement. Et j'étais Raphaël de Valentin découvrant l'écume des civilisations dans un magasin d'antiquités. Comme le héros de *La Peau de chagrin,* je sombrai dans une rêverie profonde.

*

* *

Fée Clochette ou ba d'un pharaon égyptien, elfe ou feu follet, papillon éthéré, je voltigeais par-delà les sépultures, enlaçant les notes de la *Danse macabre* de Saint-Saëns, et je traversais d'hallucinants tableaux.

Balzac présentait l'un de ses délicieux cafés à ses voisins

Nodier, Delacroix et Nerval. A leurs côtés, d'impudiques courtisanes aux yeux rougis, filles de feu ou démons de la nuit, offraient leurs splendeurs au sortir du festin. La pesanteur, soudain, me saisit et je suspendis mon vol, parachute planant parmi les proéminences charnues, les odeurs; goutte de miel s'écoulant goulûment dans l'échancrure d'une gironde; lutin lutinant; moustique à la trompe effilée. Mais, alertée par un picotement suspect, la vierge inattendue se redressa avec des cris aigus de Lucrèce indignée. Et c'était la Liberté brandissant son étendard!

D'un battement d'ailes, je gagnai le carrefour du Grand-Rond où Champollion échangeait ses impressions d'Egypte avec Ferdinand de Lesseps.

Un peu plus loin, chez Rossini, Maria Callas, accompagnée d'Alfred Cortot, interprétait quelques airs qui suscitaient les applaudissements émerveillés de Bellini et de Chopin.

Dans l'avenue transversale n° 2, Isadora Duncan dansait nue, drapée de sa seule écharpe, sifflée par Apollinaire et Pierre Dac.

*
* *

– Tout à coup il crut avoir été appelé par une voix terrible, et il tressaillit comme lorsqu'au milieu d'un brûlant cauchemar nous sommes précipités d'un seul bond dans les profondeurs d'un abîme.

Les mots avaient percé la fantasmagorie nuageuse qui m'enveloppait, et c'était comme un viol, un affreux malaise. M'adossant à une grille protectrice, je levai les yeux. Un jeune homme se tenait devant la sépulture de Gérard de Nerval, les mains enfoncées dans les poches d'un blouson noir d'aviateur. Un homme ? Je n'en étais pas sûr, car ses longs cheveux châtains, ses traits mous et indécis, jusqu'à sa voix tiède, tout son être était marqué du sceau de la confusion.

– C'est une citation de *La Peau de chagrin*, et il faut avouer que Balzac, votre Balzac, convient parfaitement aux circonstances, n'est-ce pas ?

Je demeurai interdit.

– Ne faites pas cette tête de merlan frit. Vous hissez Balzac sur un pavois, mais vous en oubliez bien des leçons. Et *Ursule Mirouet*, *La Peau de chagrin*, *Le Réquisitionnaire* ?

Mes yeux s'arrondirent.

– Je ne vous parle pas de *Louis Lambert*, de *Seraphîta*, ou de ces études philosophiques que vous n'avez pas lues. Le grand homme ne se limite pas au réalisme de ses fresques sociales, vous le savez, ni à sa perception aiguisée des relations humaines. Pourquoi marginaliser sa passion pour Swedenborg et Mesmer ? Il croyait en l'existence des fluides et des esprits.

– Vous ne m'avez pas fixé ce rendez-vous pour m'offrir un exposé sur Balzac ?

Un sourire de triomphe illumina le visage de l'inconnu.

– Qui vous a dit que j'étais celui que vous attendez ? Votre conviction procède de l'intuition.

J'avais reconquis mon empire sur moi-même. Les questions, les émotions qui m'avaient conduit au Père-Lachaise remontaient à la surface.

– Ophélie ne m'a jamais parlé de vous, repris-je d'une voix blanche. Je croyais qu'elle n'avait plus de famille. D'ailleurs, à son enterrement...

– Elle m'a interdit de m'y rendre. Elle voulait me protéger de son assassin.

– Je ne comprends pas. La police a conclu à un accident et...

– J'ai assisté à sa mort.

– Quoi ?

– Je n'étais pas là, bien sûr, mais je l'ai vue. Enfin, comme elle pouvait voir.

Je me passai une main dans les cheveux, tentant d'endiguer l'exaspération qui me gagnait. Le Père-Lachaise, Balzac, ces allusions mystérieuses, tout s'éclairait d'un jour nouveau. J'avais affaire à l'un de ces névrosés passionnés d'occultisme, comme je n'en avais croisé que trop dans l'entourage d'Ophélie. Si toute sa famille était du même acabit, je comprenais pourquoi elle m'avait épargné de les rencontrer. Mais était-ce son frère ? Je revoyais le beau visage ovale aux traits délicats, le teint mat, les longs cheveux noirs ramenés en arrière, les yeux en amande d'une profondeur abyssale.

– Je sais, soupira l'inconnu, je ne lui ressemble pas.

Le malaise me reprit. Ce gaillard lisait-il dans les pensées ? Non, il avait observé que je le dévisageais avec une défiance croissante.

– Il est inutile de prolonger cette entrevue. Ophélie elle-même respectait mon incrédulité, et elle n'a guère tenté de me mêler à ses activités.

– Elle en est peut-être morte.

– Que voulez-vous dire ? Et puis non, ne dites rien. Mon opinion est faite. Adieu, fis-je en tournant les talons.

– Restez, Sauterre.

– Non. Je vous ai donné une chance, ce que tout le monde n'aurait pas fait, et vous l'avez usée en paroles inutiles.

– Cessons de jouer au chat et à la souris. Voilà ma proposition : vous écoutez ce que j'ai à vous dire, vous regardez ce que j'ai à vous montrer, et je vous promets qu'une fois sorti de la nécropole je disparaîtrai de votre vie. Si, du moins, vous le souhaitez encore.

J'hésitai. D'un côté, ce fâcheux pouvait m'empoisonner l'existence, et la perspective d'en être à jamais débarrassé valait quelque sacrifice. Mais de tels illuminés, convaincus de détenir des vérités d'une essence supérieure, devaient s'estimer au-dessus des règles ordinaires.

– Je vous écoute, lâchai-je résigné.

– Je ne vais pas vous raconter notre vie, mais sachez qu'Ophélie et moi avons été très liés, jusqu'à ce qu'elle décide de faire un trait sur son passé. Je suis resté sans nouvelles. Puis, un beau jour, elle m'a téléphoné pour me parler de vous, de son nouveau bonheur. Durant la conversation, elle a fait une allusion à une soirée mondaine où elle devait faire la démonstration de ses talents de voyante. Je n'y ai prêté aucune attention particulière, vu les circonstances de nos retrouvailles. Deux jours plus tard, elle m'annonçait qu'elle faisait ses valises pour Venise. Mais elle évoquait votre escapade improvisée avec un enthousiasme forcé. Je la sentais crispée, et même bouleversée.

– Son travail l'épuisait.

– Vous ne croyez pas aux voyances, mais vous parlez d'un travail ! Et vous étiez convaincu de sa sincérité. Il y a une partie de vous qui jugeait en termes d'hallucinations, de maladie, mais l'autre... Enfin, revenons au malaise d'Ophélie. Je l'ai interrogée. Sachant qu'elle ne pouvait me mentir, elle m'a avoué qu'il s'était passé quelque chose durant la soirée, qu'elle comptait m'en parler après son voyage. Malheureusement, elle ne m'a jamais rappelé, puisqu'elle est décédée huit jours plus tard, au lendemain de votre retour. J'espère que vous pourrez m'en apprendre davantage.

– Non, murmurai-je embarrassé. Elle avait choisi d'instaurer le black-out sur ses activités ésotériques. Nous reportions à plus tard un véritable débat. Nous étions si bien ensemble que...

Je m'absorbai un moment dans de funestes pensées.

– Non, repris-je. Je ne pourrais même pas vous dire chez qui se déroulait cette soirée.

– Je le pourrais, fit-il d'un ton sec, en sortant un document d'une poche intérieure. Ophélie m'avait cité son nom, et comme il était assez connu...

Je pris la photocopie qu'il me tendait, une coupure de presse relatant le décès accidentel d'un styliste en vogue. L'homme s'était noyé dans la piscine de sa luxueuse résidence, au retour d'une soirée trop arrosée.

– Remarquez la date. Durant votre séjour vénitien, soit juste après l'événement qui a bouleversé ma sœur.

L'espace d'une minute, je me sentis transporté au cœur de quelque obscur complot, puis je revins sur terre.

– Une simple coïncidence. Si vous m'annonciez que quatre ou cinq participants ont mystérieusement succombé à...

– Mais peut-être est-ce le cas. Comment savoir qui étaient les invités, vu que l'inviteur a disparu ?

La lassitude recommençait à m'envahir quand une idée me traversa l'esprit.

– Camille Berthier.

– Qu'est-ce que... ?

– Une sorte de groupie. Une obsédée des pratiques occultes qui s'était attachée à Ophélie, qui la vénérait et la suivait partout. Il y a de bonnes chances qu'elle l'ait accompagnée à la soirée.

– Vous êtes restés en contact ?

Une lueur d'espoir brillait dans le regard de mon interlocuteur.

– Non. D'ailleurs, c'est curieux : elle n'est pas venue à l'enterrement et je ne l'ai plus jamais...

Je m'interrompis, ne pouvant réprimer une sensation singulière. L'insinuation d'un doute. Encore léger, mais...

– Il faudra vérifier. Si elle avait elle aussi disparu...

Le jeune homme se rembrunit.

– ... vous commenceriez à me prendre au sérieux, mais on aurait perdu notre piste la plus intéressante.

Le prendre au sérieux ? On n'en était pas encore là.

– Et si vous m'expliquiez pourquoi vous avez tardé avant de vous manifester ?

– La peur, fit-il dans un souffle, ou plutôt la prudence préconisée par Ophélie.

– Une vision ? fis-je avec un faux air entendu, mais une véritable ironie méprisante.

– Plusieurs, reprit-il sur le ton du défi, me dardant un regard en forme de lame effilée. Mais figurez-vous qu'en dépit des apparences...

– Souvent si trompeuses, bien sûr

– ... je suis quelqu'un de pragmatique. Donc, je souhaiterais nous éviter toute perte de temps. A quoi bon vous raconter ce que vous n'écouterez que d'une oreille distraite ? Nous allons procéder par paliers.

– Vous avez intérêt à accélérer le cours des choses, coupai-je en consultant ma montre. Le cimetière ferme ses portes dans dix minutes et je n'aimerais pas y passer la nuit.

– En effet, il serait temps de prendre certaines dispositions, pour éviter la tournée des gardiens.

Avais-je bien entendu ? Je n'en doutais plus quand je le

vis abandonner l'allée pour s'engouffrer entre les sépultures. Je demeurai immobile, abasourdi.

– Suivez-moi en silence, Sauterre. Je vous ai dit que j'avais quelque chose à vous montrer. Ça vous ouvrira un peu les yeux et, indépendamment de notre affaire, je suis sûr que l'écrivain, l'amateur d'insolite sera ravi de l'expérience.

Décontenancé, j'hésitai un instant puis m'aventurai entre les tombes. Une oppression étrange me submergea. Avec l'artère balisée, il me semblait quitter la frontière fatidique pour plonger plus avant dans un univers interdit. Je faillis rebrousser chemin, mais la fierté et la curiosité m'en dissuadèrent.

Nous nous retrouvâmes bientôt assis au milieu d'un parterre d'édifices mortuaires, à l'abri de tout regard. Mon guide, d'un signe, m'enjoignit le silence. J'obtempérai docilement mais, passée l'excitation de l'imprévu, je recommençai à m'inquiéter.

Après une attente qui me parut interminable, le frère d'Ophélie reprit la parole.

– Vous comprenez la nécessité d'habits chauds et sombres ?

– Vous avez prévu des allumettes ?

– Mieux que cela : deux lampes de poche.

– Et qu'est-ce qu'on fait ?

– On attend.

– Pas trop longtemps, car il fait frisquet.

– Jusqu'à minuit. Mais le jeu en vaut la chandelle.

Minuit ! Là, il poussait le bouchon un peu loin. Je me redressai d'un bond, décidé à en finir.

– Vous devez quelques heures à la mémoire d'Ophélie, m'arrêta le médium courroucé.

– Quel sera le clou du spectacle ? déclarai-je en me rasseyant. Au douzième coup, les morts se réveillent et entament un ballet frénétique ? Vous vous lancez dans une évocation ? Vous comptez sur mon aide pour profaner une tombe qui s'avérera vide ?

– Vous ne manquez pas d'imagination mais il vaut mieux la laisser dormir : la réalité dépassera la fiction. Une fois encore.

Un nouveau silence s'installa entre nous. Sans doute ne voulait-il pas parler en vain, fidèle à son système. Quant à moi, je digérais la pénible perspective des heures à venir. Puis je tentai de remettre un peu d'ordre dans mes idées. Je réalisai que les déclarations, la conduite de mon compagnon m'avaient à ce point surpris que j'en avais oublié certaines questions.

– Vous ne m'avez pas donné votre nom.

– Lorgues, Valentin-Etienne, un prénom à rallonge, comme le vôtre. Appelez-moi Val.

– Mais Ophélie...

– ... portait un nom de scène. Comme de nombreux artistes. Et les médiums, les vrais, ont plus d'un point commun avec ceux-ci.

J'aurais voulu l'interroger sur Balzac, mais m'en abstins : je ne me serais pas fié à sa réponse. Je sombrai dans une profonde perplexité, ne pouvant imaginer Ophélie discourant en long et en large de mes rapports avec la *Comédie humaine.* Et d'ailleurs, de tels détails... Il aurait fallu qu'elle étudie méticuleusement mes fiches de lecture. Non, tout ça paraissait surréaliste. Comme de m'intéresser à ce problème, alors qu'il était question de la mort d'Ophélie, d'indices insinuant que...

Arrêtant de spéculer, je m'adossai à un caveau, fermai les yeux sans plus penser, et m'endormis.

*
* *

– Allons, Sauterre, il nous faut prendre position.

Je me redressai, hébété, redécouvrant l'incongruité de ma situation. Lorgues, lampe de poche en main, se faufilait vers l'allée. Je l'imitai, espérant qu'il m'annoncerait que la farce était finie, qu'il s'était amusé à mes dépens. On allait en rester là, se quitter définitivement.

J'épousai le sillage de mon compagnon, sans me soucier du chemin parcouru. Les travées se coupaient, se recoupaient. Les yeux braqués sur la foulée de mon guide, je songeais aux jeux de piste des scouts, aux aventures de la *Patrouille des Castors,* dont les images avaient hanté mon enfance. Mais Lorgues, soudain, me tira par la manche, m'entraînant à nouveau hors des voies balisées. Ayant contourné une sépulture élevée, il s'accroupit et éteignit sa lampe de poche.

– L'attente ne sera plus longue. Mais, attention, il vaudrait mieux se faire discret. Mettez ça !

Je découvris avec stupéfaction qu'il me tendait une cagoule noire.

– Il s'agit peut-être d'une question de vie ou de mort.

Un frisson me parcourut l'échine. L'affaire prenait un tour inattendu. Plaisantait-il ? Devais-je prendre mes jambes à mon cou et filer ? Je décidai de jouer le jeu jusqu'au bout et m'accroupis à ses côtés, me demandant avec angoisse ce que nous attendions.

CHAPITRE DEUXIÈME

Mais, ô Paris ! qui n'a pas admiré tes sombres paysages, tes échappées de lumière, tes culs-de-sac profonds et silencieux ; qui n'a pas entendu tes murmures, entre minuit et deux heures du matin, ne connaît encore rien de ta vraie poésie, ni de tes bizarres et larges contrastes. (BALZAC, *Ferragus*)

QUELQUES MINUTES interminables. Partagé entre la curiosité, le malaise et l'exaspération, je levai les yeux vers le ciel. La pleine lune ! Ce Lorgues voulait-il m'entraîner dans une chasse au loup-garou ?

Je sursautai. Des bruits de voix, des pas. Les gardiens effectuaient-ils des rondes ? Pour prévenir les profanations de sépultures juives par des néo-nazis ?

Des silhouettes étaient apparues. Trois, qui se rapprochaient de notre poste d'observation. Mon inquiétude se mua en stupeur. Deux d'entre elles avaient des allures de membres du Ku-Klux-Klan ou de pénitents sévillans, mais les cagoules étaient noires comme les vêtements parcourus de croix inversées. La plus grande portait une étole, et je pressentais sa supériorité. Quant à la troisième... Une femme nue aux traits dissimulés par un loup ! Jeune et belle, à en juger par la plénitude ferme de ses formes et sa luxuriante chevelure de jais.

Les trois commencent à s'affairer autour d'une tombe. Une profanation ? Non, ils ne semblent posséder ni pelle ni...

D'autres voix, des ombres au loin. Et soudain le cimetière s'anime, des dizaines de silhouettes convergent vers ce que je commence à assimiler à un lieu de rendez-vous. Des hommes, des femmes, tous masqués, qui se regroupent derrière la tombe préparée par le trio initial.

Un drap noir recouvre la sépulture, sur lequel s'est étendue la femme nue. Autour de l'autel vivant, trois grands cierges, un crâne humain, un calice, un lutrin et divers objets que je ne puis distinguer.

Je me demande ce qui se passe, ou plutôt j'appréhende lentement la réalité. Je n'ai plus le moindre doute quand une voix féminine déchire le recueillement sépulcral.

- Je vais aller à l'autel

O Satan, mon Seigneur

Protège-moi du félon et du violent...

Une messe noire ! Je me tourne vers Lorgues, qui me sourit benoîtement. Où veut-il en venir ?

La curiosité l'emporte sur la colère, et je retourne à la cérémonie dantesque. L'assistante du maître d'œuvre a allumé les bougies. Etourdi par les effluves d'encens, captivé par la mise en scène, je ne parviens pas à me reconcentrer quand elle prend la parole. Je ne perçois d'abord que le ton envoûtant d'une émule de Vincent Price, puis quelques mots, qui surnagent comme des îlots échappés au déluge. Des mots terribles, qui me glacent le sang.

– L'évocation du démon du mois, me souffle mon compagnon.

Une voix plus grave relaie la première.

– Nema ! Noitcetorp etnias...

– Le *Pater noster* satanique, commente Lorgues.

A la fin de la prière inversée, l'auxiliaire se dirige vers l'autel et reprend la parole :

– O Satan, par qui tout a été fait
Et sera transformé
Pour retourner à la source première...

Je reperds le fil du discours, captivé par la beauté de la femme-autel, intrigué aussi, sinon terrifié. S'agit-il d'une adepte consentante, d'une proie droguée ou subjuguée ?

– Ne vous trompez pas de spectacle, fait le frère d'Ophélie.

Comme un enfant surpris en plein larcin, je reviens docilement à la liturgie inversée.

-Ave Satani, Ave Satani,
Ave, ave, ave !

A la suite de l'officiant, les disciples répètent chaque phrase.

– Gloire à Toi, Satan,
Empereur des mondes ténébreux.
– Gloire à Toi, bel Ange
Lumière éternelle de nos âmes.
– Ave Satani, Ave Satani,
Ave, ave, ave !
– Louanges à Toi, Satan
Libérateur de nos faiblesses.
– Louanges à Toi, Prince de l'Enfer,
Guide éternel de nos vies.
– Ave Satani, Ave Satani,
Ave, ave, ave !

L'officiant a saisi un objet qu'il élève en le tenant entre les mains. Une hostie ! Il la consacre en s'adressant à Jésus, dont il raille l'impuissance, qu'il invite à se mettre au service de Satan. Puis il dépose l'aliment sacré sur le sexe de la femme-autel et s'empare du calice :

– Satan, le liquide dont ce vin est fait est vraiment Ton sang.

Il pose le récipient sur le ventre de l'Aphrodite et semble dessiner un signe sur l'hostie.

– Le pentagramme ! murmure Valentin-Etienne.

– Béni sois-tu, pain de mort,
Béni mille fois plus que le pain de vie,
Car tu n'as point été moissonné par une main humaine,
Aucun labeur inexorable ne t'a broyé.
C'est Satan seul qui t'a porté du cimetière au moulin
Afin que tu deviennes le pain de la révélation.

Curieusement, la longueur de la messe me rassure. J'ai vu remuer la beauté mystérieuse, elle s'est tendue en offrande, mue par une volonté, un orgueil. Elle doit participer, actrice-phare d'une mise en scène gothique qui trouble mes sens. Je voudrais croire à quelque gentille mascarade, comme j'en ai connu à l'université dans les cercles libre-exaministes.

Soudain, le Grand Maître brandit un crucifix, le jette à terre et se met à le piétiner :

– O Croix, je t'opprime en souvenir des maîtres du Temple...

Un discours, encore. Je décroche, comme jadis lors des messes catholiques.

Une courte rêverie. Je pense à Sade, à Baudelaire, à Byron. Quand je redescends sur terre, l'assistante présente l'hostie aux adeptes :

– Mangez, ceci est Son corps !

Elle brise le pain sacré et le distribue aux communiants, puis c'est au tour du calice. Le sang du Diable !

Quelques phrases, et l'officiant retourne vers l'autel. Des mots latins que je ne comprends pas. Une évocation des divers démons ? Je crois reconnaître les noms de Pazuzu, Mammon, Belzébuth, Bélial, Belphégor, Léviathan, Astaroth...

L'assistante rejoint la tombe drapée de noir :

– Gloire et louanges à Toi, Satan...

Un choc. Elle vient de saisir un cœur sanguinolent et le place sur le ventre de la femme-autel. Je ne puis m'empêcher de m'interroger sur la provenance de l'organe. Le boucher du coin, ou... La tension monte, pour ainsi dire palpable. Quand l'officiant élève un long poignard, un frisson me parcourt l'échine. Et s'il plongeait la lame dans le sein de la jeune vestale ? Non. Dans les films, pas dans la réalité.

– Ce soir, gloire à Toi, Satan...

– L'évocation des Sept, glisse Lorgues avec l'air satisfait du gars qui présenterait l'Immaculée Conception au Pape.

Mais les mots du Grand Maître m'échappent. Je n'ai d'attention que pour la lame. Je songe à bondir, hésite. Mon voisin me touche le bras et m'impose la retenue.

– Ave Satani, gloria in Satanas

– Ave Satani, gloria in Satanas

– Ave Satani, gloria in Satanas

Le poignard descend. Je retiens mon souffle. Mais le métal ne transperce que le cœur placé sur la femme-autel.

Tandis que je décompresse, l'assistante se replace devant le lutrin :

– Au commencement était le Verbe, et le Verbe était avec Satan.

L'évangile satanique ? Je décroche, saisi par l'envie d'en savoir un peu plus sur les adeptes qui me font face. Qui sont-ils ? Comment en sont-ils arrivés là ? Que cherchent-ils ? Quel est le fond de leur âme, de leurs besoins ?

– Le Pacte de sang ! me chuchote Lorgues, me ramenant au cérémonial.

– Satan, Léviathan, Bélial, par le pacte et par les noms, répondez à mon appel !

L'assistante a amené un récipient dans lequel l'officiant trempe le doigt. Du sang ?

Les membres de l'assemblée se dirigent vers le Grand Maître, qui trace sur leurs fronts des signes que je ne puis identifier. La marque du Diable ? L'officiant retourne à l'autel :

– Lucifuge Rofocale, écoute-nous

Et transmets nos exigences à notre maître Satan...

Les adeptes s'approchent à leur tour de la tombe, venant émettre leurs vœux. Puis chacun reprend sa place.

– Par Satan, Azi, Zokari,

Apophis, Loki, Kali, Iblis,

Que notre volonté soit faite !

– Ça touche à sa fin, lâche mon complice d'un soir.

De fait, après quelques textes de remerciements prononcés par l'officiant, le spectacle arrive à son terme.

– Gloire à toi, Satan !

– Gloire à toi, Satan !

– Gloire à toi, Satan !

Bientôt, les disciples se dispersent, tandis que le Grand Maître et son bras droit rangent leur matériel, aidés par la femme-autel, qui s'ébroue avec volupté malgré la fraîcheur nocturne.

Nous patientons encore quelques minutes en silence, puis Lorgues donne le signal du départ.

Nous nous levons péniblement, les membres ankylosés. Mon guide allume sa lampe de poche et je m'évertue à le suivre, pressé d'en finir avec cette nuit éreintante, avec l'angoisse qui continue de m'étreindre.

Alors que nous atteignons une allée bordant l'enceinte du cimetière, j'entends un cri. Je me retourne et constate avec effroi que des retardataires nous ont aperçus, nous appellent.

– Le mur ! lance Valentin avec une maîtrise qui me surprend.

Il me fait la courte échelle. Je bondis, tandis que des pas, au loin, se précipitent. Sans un regard pour la menace qui fond sur nous, je hisse le frère d'Ophélie jusqu'au faîte du mur. Nous sautons et nous mettons à courir le long de la route, comme si nous avions des vampires à nos trousses, le *Chien des Baskerville* ou le *Fantôme de l'Opéra*.

Au bout du marathon, Lorgues aperçoit un taxi, le hèle, et nous nous engouffrons dans l'asile roulant, au bord de l'asphyxie.

CHAPITRE TROISIÈME

L'idée qui ne cherche pas à devenir mot est une mauvaise idée,
et le mot qui ne cherche pas à devenir action
est un mauvais mot. (CHESTERTON)

ATTABLÉS dans un troquet, nous nous regardions sans mot dire. Le premier, je rompis le silence.

– Nous venons de risquer notre peau et je ne comprends pas pourquoi. Il me vient des envies de vous casser la figure.

Lorgues sourit et vida son verre de blanc.

– Nous sommes en parfaite santé, commenta-t-il, et vous voilà riche d'une fabuleuse aventure.

– Je pensais que vous vous souciez d'Ophélie.

– J'y viens. Par paliers, vous ai-je dit. Je voudrais d'abord vous amener à abandonner votre vision du monde. Si cartésienne, si réductrice.

– Si vous espérez me faire croire aux puissances infernales, après notre séance de grand guignol...

– Ne parlons pas du Diable. Comment prouverions-nous qu'il existe, ou pas ? Mais ses adorateurs existent, vous l'avez vu. Un éternuement, un faux pas, et nous aurions mesuré concrètement l'incidence d'une chimère sur notre réalité. Regardez le monde qui nous entoure : derrière la façade en trompe-l'œil d'une normalité sans substance, mille univers cohabitent, avec leurs règles, leurs traditions, leurs perceptions du réel. Satanisme et sectes de tous bords, pédophilie et sadomasochisme, retraites bénédictines ou bouddhiques, drogue, trafic d'organes... Et certains interfèrent dans nos vies. Car, chaque jour, des enfants disparaissent; des témoins, des enquêteurs sont achetés ou supprimés. Oui, Sauterre, nous marchons avec des œillères, frôlant sans cesse des abîmes. Mais revenons à Ophélie.

Pris à contre-pied, je fixai mon interlocuteur. Son assurance avait disparu, comme une île submergée par un océan d'émotions. La sympathie m'envahit, presque malgré moi, et je lui abandonnai les rênes de son récit.

A l'en croire, il était occupé à peindre, sa principale activité, lorsqu'un malaise l'avait saisi. Sa sœur lui était apparue avec une acuité bouleversante. C'était un tableau commenté d'une vivacité troublante. Un mélange de beauté et d'horreur qui s'est inscrit si profondément en moi que je ne sais plus si la vision me fut rapportée ou infusée.

*

* *

Dans son petit cabinet ucclois, Ophélie pense à moi et contemple ma photo avec une infinie tendresse. Puis son regard parcourt les mille et un bibelots, les meubles anciens patiemment rassemblés. Pour elle, comme pour ses semblables, chaque objet s'avère un creuset d'émotions, une parcelle de plusieurs vies. Elle sourit et soupire. Il lui prend l'envie de balayer tout ce qui l'enchaîne au passé, aux passés. Pour la première fois, elle voudrait oublier l'avenir des autres et se soucier du sien. Jamais elle n'a été aussi heureuse. A peine regrette-t-elle que je ne partage pas sa foi et, pour un peu, elle s'en féliciterait, découvrant avec ravissement que sa séduction ou sa valeur ne se limitent pas à l'exercice brillant d'un don singulier.

La porte du cabinet s'ouvre lentement. La consultation est terminée et Ophélie s'attend à voir apparaître Juliette, sa secrétaire, son amie. Mais c'est un homme qui lui fait face. Il ne figure pas sur sa liste de rendez-vous et pourtant son visage lui rappelle quelqu'un. Déconcertée par l'irruption inattendue, la jeune femme recule légèrement. Elle se reprend et signale que sa journée, éreintante en l'occurrence, est terminée. L'homme ne dit rien mais ébauche un sourire glacé. Elle lui demande l'objet de sa visite puis, irritée par son mutisme, elle appelle Juliette. Le silence la recouvre comme un linceul, et Ophélie sent sa gorge se nouer. Alors, instinctivement, elle fait appel à son don. Le passé du consultant devrait défiler à sa droite, son avenir à sa gauche. Mais il n'y a rien, aucun flash, comme si le visiteur échappait à toute dimension temporelle ou humaine. Saisie par une horreur indicible, elle voudrait crier mais n'en a plus le courage, car la jeune voyante a lu sa mort dans les fentes polaires du regard meurtrier. Habituée à se soumettre aux arrêts du destin, elle s'abandonne aux mains puissantes qui l'étranglent, tout entière à ses ultimes pensées. Elle songe au bonheur qui l'attendait, à peine entrevu, comme une parenthèse coulée dans la souffrance. Puis, quand la douleur se fait plus vive, un sursaut d'orgueil lui redonne le goût de la lutte. Au dernier moment de l'agonie, un éclair d'espoir lui enflamme l'âme et elle voit se dessiner le sens de sa vie alors que déjà elle n'est plus vraiment.

*

* *

Quand Lorgues eut achevé son récit, il se racla la gorge et s'évertua à sourire. Ses yeux brillaient d'un étrange éclat lorsqu'ils s'enfoncèrent dans les miens.

– Elle est morte heureuse, Sauterre. Grâce à vous, mais aussi à la certitude qu'elle pouvait nous aider.

– Nous aider ? murmurai-je après un silence.

– Une sensation, très forte, que j'ai ressentie alors que son image s'effaçait. Un appel, une mise en garde : je devais demeurer dans l'ombre mais à tout prix vous contacter.

– Ophélie se serait manifestée pour nous aider à retrouver son assassin ?

– Il y a autre chose. Cet homme, enfin ce...

– Sans passé ni avenir ! Et vous n'avez pu distinguer son visage. Vous allez me dire que c'est le Diable ?

– Non. Les voyants ont leurs interdits. S'attaquer au domaine religieux peut mener à la folie, et aucune Madame Irma n'a jamais tenté de décrire le paradis ou Dieu le Père. Il y a un cas célèbre dans notre profession. Le plus grand médium de France, Yaguel Didier, s'est attaqué au mythe de Jeanne d'Arc. Eh bien, alors que la Pucelle lui apparaissait à mille lieues de sa légende, elle s'est heurtée à de puissantes forces occultes et sa vision s'est interrompue. Je me limiterai à dire que notre Ophélie s'est trouvée face à un individu protégé par la magie noire d'une société secrète.

– Je veux bien croire à votre sincérité, mais vous...

– ... devriez consulter un psy ? Je respecte votre scepticisme. Mais reconnaissez que notre collaboration nous aura révélé des éléments de réflexion.

J'hésitai à répondre.

– Que comptez-vous faire pour Berthier ? reprit-il sans se décourager. Moi, je file à Bruxelles dès demain. Tout à l'heure, pour être exact. Vous m'accompagnez ?

La question me surprit mais elle n'était pas si saugrenue. Ma confiance dans le gaillard était fort limitée et il valait mieux juger par moi-même du bien-fondé de ses futures déductions.

– Je vous paie l'aller-retour, renchérit-il.

– A quelle heure part le premier TGV ? finis-je par lâcher, agacé mais convaincu.

*

* *

La tête appuyée contre la vitre du Thalys, je contemplais la France profonde, tentant de m'arracher aux questions qui me taraudaient.

– Sauterre ? fit Lorgues, que j'espérais endormi.

– Qu'y a-t-il ? bougonnai-je. Une nouvelle vision ?

– C'est plutôt rare, grimaça-t-il vexé. Je voulais vous proposer un jeu très instructif.

– *Jean, étonne-moi* ! disait Marais à Cocteau. A moins que ce ne fût Radiguet ou un autre. Chez vous, c'est un slogan, un programme ?

– Je m'en flatterais, et la comparaison m'agrée, plus que vous ne l'imaginez. Mais rappelez-vous mes priorités : être ménager de votre précieux temps, demeurer pragmatique.

– Bref, à moins d'être le dernier des sots, il vaut mieux répondre présent à chacune de vos sollicitations. Eh bien, soit. A votre disposition, mon cher. Que faut-il faire, cette fois ? Sauter du train en marche ?

– Prenez ce stylo à bille et cette feuille.

– A vos ordres, mon colonel. Et ensuite ? Je dessine le paysage ? Je vous préviens : mon coup de crayon est exécrable.

– Regardez ma poche droite. Elle contient un objet que je vous demande de dessiner sans réfléchir. Allez-y. Vite. Ce qui vous passe par la tête.

Je m'exécutai sans comprendre, sans même le chercher. Une fois achevé, mon croquis me parut étrange : un objet informe et irréel, que je regardai avec circonspection, me demandant si certains chefs-d'œuvre de l'art moderne n'étaient pas nés dans des conditions semblables.

– Vous êtes doué, me félicita Lorgues, sans ironie.

Et il sortit de sa poche une pomme de pin, qu'il déposa sur ma feuille avec une lenteur rituelle. Un rire à peine ébauché mourut dans ma gorge, car le gribouillis présentait l'allure générale, les écailles ligneuses si caractéristiques du cône préféré des enfants.

– Ce n'est pas le test de Rorschach, s'exclama Valentin. Vous avez dessiné une pomme de pin, sans la voir.

– Mais comment...

– Une bagatelle, souvent expérimentée en laboratoire, qui tend à démontrer des capacités latentes, enfouies en chacun de nous. Vous avez laissé votre raison au repos et votre troisième œil, si l'on peut dire, a pris le relais.

– Télépathie ? fis-je ahuri.

– Expérience extrasensorielle. Médiumnique. Un phénomène plus répandu que vous ne croyez, auquel de nombreux savants et artistes ont attribué leurs réussites.

J'aurais souhaité approfondir la question mais Lorgues, repu, se réfugia jusqu'à Bruxelles dans un silence solennel. Avait-on franchi un palier ?

*

* *

– C'était ici.

– Je m'y attendais, fit Lorgues désabusé devant un bel immeuble situé face au Parc du Wolvendael, à Uccle, l'une des communes résidentielles de la banlieue bruxelloise.

– Les gens déménagent parfois, non ?

Je sonnai à l'interphone du bâtiment. Quelques minutes plus tard, nous étions occupés à discuter dans le hall d'entrée avec la nouvelle locataire, une grande rousse d'une quarantaine d'années, dont le visage relâché avait été retourné, comme une crêpe, dans une poêle à fards.

– Mlle Berthier ? Non, je ne l'ai pas connue. D'après les voisins, elle était très discrète et n'entretenait guère de contacts avec l'extérieur. L'épicier du coin m'a dit qu'elle était bizarre : elle fréquentait les voyantes, les astrologues. Vous voyez le genre.

Un quart d'heure plus tard, nous quittions le quartier du Wolvendael après une rapide enquête auprès des voisins. Un fiasco. Un coup de fil au propriétaire nous en apprit davantage.

Le départ de Camille s'était situé peu après la mort d'Ophélie. Il avait été soudain; elle n'avait laissé aucune adresse ni emporté aucun meuble, demandant au propriétaire de les offrir à une association caritative.

– Tout cela est singulier.

– Ça colle avec les propos que vous ne preniez pas au sérieux.

– Nous n'en sommes pas moins bredouilles. Peut-être qu'à la commune...

– Je vérifierai, mais je mettrais la main au feu que la démarche sera vaine.

– Alors, c'est le bout de la piste. Que comptez-vous

faire ? Je vais rendre visite à un couple d'amis. Si vous le souhaitez, ils vous hébergeront pour la nuit.

– Non, merci. Je préfère laisser le moins de traces possibles. Comme Camille.

Valentin paraissait triste et songeur, désemparé. D'un côté, j'aurais voulu l'aider, insister; de l'autre, j'aspirais à retrouver un peu de calme, de solitude.

– De toute façon, je vous recontacterai.

Lorgues me tendit la main et plongea dans la foule qui arpentait la rue Neuve, l'une des artères les plus luxueuses de Bruxelles. Je demeurai pantois, surpris par sa disparition inattendue. Je ressentais confusément que je ne devais pas le laisser partir ainsi, mais que pouvais-je faire ? Me mettre à courir en criant son nom ?

Je remontai jusqu'à *City 2*, le complexe commercial qui a redynamisé le nord du centre-ville. Je n'avais pas le cœur à jeter un œil aux boutiques et gagnai les sous-sols, en quête de ce bon vieux tram 90. Direction Ixelles et ses étangs, les environs de l'université où j'avais passé quatre belles années. Laure, mon amour des années estudiantines, que j'avais connue trop tôt, y vivait encore, en compagnie d'un garçon à l'égard duquel je ne nourrissais aucune rancune. Sébastien était même devenu un ami, lui qui m'avait réconcilié avec Laure, sinon avec moi-même. Un type formidable qui vivait pleinement sa vie, et en faisait profiter les autres, alors que je ne songeais qu'à m'exploser sur papier.

Laure, Ophélie. Ma vie prenait un tour nostalgique et passéiste qui m'inquiétait, me tourmentait. Je commençais à craindre que cette aventure ne m'amène à une douloureuse confrontation avec moi-même.

Regagner Paris. Au plus vite.

CHAPITRE QUATRIÈME

Le premier acte est libre en nous ;
nous sommes esclaves du second.
(GOETHE, *Faust*)

De retour à Paris, je me replongeai dans mon projet du moment, un ouvrage consacré aux mystères entourant la vie de Christophe Colomb. L'entreprise me parut dépourvue d'intérêt. Je ne pouvais endiguer un flux d'images trop colorées : la mort d'Ophélie, mes rêveries du Père-Lachaise, la cérémonie infernale et son issue rocambolesque, l'expérience de la pomme de pin. Lorgues, enfin, et son interminable traîne de questions.

J'étais rentré depuis cinq jours quand se produisit ce que je n'osais m'avouer souhaiter : un coup de fil de mon Méphistophélès.

– J'ai retrouvé Camille Berthier ! m'annonça-t-il triomphant.

– Formidable ! Mais comment, où ?

– J'ai engagé un détective privé. Et voilà le résultat : elle s'est réfugiée en Bretagne, à Belle-Ile, dans une secte mariale. Je quitte Bruxelles dès demain, à la première heure. Préparez votre valise !

J'allais protester, pour la forme, mais m'en abstins.

*
* *

– Vous commencez à répondre à mon attente, Sauterre.

Le TGV Paris-Auray venait de démarrer et Lorgues me redevenait insupportable.

– Aussi, continua-t-il, je vous ai apporté un cadeau de voyage.

Il me tendit un ouvrage dont le titre constituait tout un programme : *Les cultes de l'enfer, Satan parmi nous.*

– La théorie après la pratique !

J'ouvris le livre avec détachement. Je m'attendais à sombrer dans l'ennui, assommé par la comparaison des rituels ou les énumérations de démons, mais je me retrouvai, sans crier gare, plongé dans une incroyable descente aux enfers.

C'est qu'au-delà d'un décorum de pacotille, il était question de tortures, de viols, de sacrifices. Et l'auteur, conforté par des experts du FBI, de rappeler que cinquante mille enfants disparaissent chaque année. Les chiffres donnaient le vertige. En 1985, la police avait recensé cent trente-cinq mille bandes, mais, depuis, ce nombre avait explosé, échappant dorénavant à toute analyse.

Le portrait type des adeptes ? De jeunes blancs de 12 à 24 ans, des solitaires aux capacités intellectuelles supérieures à la moyenne, issus de familles défavorisées dominées par la mère. Dans une société en crise, il n'y a plus pour eux d'avenir ni de paradis. Alors, ils ne se préoccupent que du présent et d'eux-mêmes, recherchant les émotions les plus fortes : drogue, *heavy metal,* orgies, messes noires...

A quoi Lorgues voulait-il en arriver ? A me persuader qu'Ophélie était sur le point de démasquer un monstre issu des milieux satanistes ?

– Les appels aux exorcistes se multiplient depuis une vingtaine d'années, glissa-t-il alors que je relevais la tête entre deux pages. L'Eglise a même créé une chaire de démonologie à Lyon !

*

* *

Arrivés à Auray, nous empruntâmes le Tire bouchon, un petit train qui traversait la presqu'île de Quiberon. Puis un taxi nous mena jusqu'au port, assez éloigné de la gare. De là, nous embarquâmes sur l'Acadie.

Je me laissai envoûter par la mer et la beauté des côtes bretonnes, tandis que Valentin compulsait le *Guide du Routard*, y cherchant une idée de logis.

Après une agréable traversée de trois quarts d'heure, nous atteignîmes Le Palais, un port charmant dominé par la masse imposante de la citadelle Vauban. Une oasis de beauté, qui me ravit immédiatement. Il était déjà 17 heures, et il fallait nous assurer une chambre où passer la nuit. L'affaire fut rapidement expédiée, l'Hôtel de Bretagne, avec vue sur la mer, présentant les garanties d'un séjour serein.

– On n'a jamais fini d'apprendre, s'exclama Lorgues au sortir de la réception. Et de méditer sur l'importance des noms. Ainsi, l'adresse de notre hôtel : quai de l'Acadie. Acadie, comme le navire qui nous a amenés ici. Déconcertant, non ?

– Pas vraiment breton, en tous les cas, acquiesçai-je, masquant difficilement mon désintérêt.

– Il nous rappelle une page d'Histoire, reprit-il en brandissant son *Guide du Routard*, la perte du Canada par la France. Les francophones insoumis d'Acadie ont été déportés par les Anglais, principalement en Louisiane. Mais figurez-vous que septante-huit familles ont pu s'établir à Belle-Ile.

Je regardai Lorgues avec circonspection, surpris par sa désinvolture. Mais je devinais qu'elle était feinte, et surtout nécessaire. La gravité de notre démarche n'impliquait pas un sérieux hiératique, et la vie continuait. Pour la deuxième fois, je ressentis une certaine sympathie à son endroit.

*

* *

Après une promenade le long des quais, qui nous avait conduits jusqu'au môle situé de l'autre côté de l'avant-port, nous nous trouvions attablés sur la terrasse du Bretagne. Malgré notre impatience d'en découdre avec l'énigme Berthier, nous jugions raisonnable de postposer la rencontre tant attendue. D'autant que les fatigues du voyage avaient creusé les appétits. Mais était-ce l'excellent élève, appliqué et méticuleux, qui sommeillait en moi ? Mon antique passion pour Conan Doyle, Agatha Christie et Leroux ? Au grand étonnement de Valentin, je m'arrachai à la dégustation de mes crêpes au miel pour interroger le patron de l'hôtel.

– Evidemment, fit celui-ci en s'asseyant à nos côtés. Qui donc ici ne connaît la communauté de l'abbé Célestin ? « L'Eglise restaurée de Notre-Dame-Corédemptrice », voilà le nom exact. Ça fait guignol, mais ces gens ne sont pas plus dingues que la moyenne. Faut simplement éviter de les laisser s'emballer sur l'avenir de notre monde. D'autant qu'ils ne le voient pas. Pour eux, l'Apocalypse est pour bientôt. A part ça, on les aime bien, à Belle-Ile. Le Guide, comme ils disent, le Célestin Grelot, les pousse à apprendre des métiers artisanaux, et ils offrent leurs services à la commune, aux plus démunis. Histoire de réparer une toiture qui fuit, de repeindre une école.

– Joue pas les Immaculée Conception, Loïc Gourvennec ! intervint une vieille dame qui mangeait des bigorneaux à la table voisine. Tu apprécies qu'ils t'amènent du monde durant la période creuse ! Mais tu pourrais dire à ces beaux messieurs que nous sommes plusieurs à qui on ne la fait pas.

– Allez, la Madeleine, tu vas pas la ramener avec tes suppôts de Satan.

– Et pourquoi est-ce que je me gênerais ? J'ai payé ma place, et le client est roi.

– Qu'est-ce que vous leur reprochez ? intervins-je intéressé.

– Ce sont des blasphémateurs ! Demandez-leur ce qu'ils pensent du Saint-Père, vous serez édifié. Et puis, comment ont-ils pu restaurer leur manoir ? Ce sont de riches veuves de Quiberon et Vannes qui sponsorisent notre Guide.

– Des commérages, soupira Gourvennec. Et puis, l'Eglise ne s'est-elle pas toujours appuyée sur de généreux donateurs ?

La conversation allait dégénérer, et le patron préféra s'éloigner. Comme notre voisine, oubliant ses bigorneaux, se prenait par trop d'affection pour nous, mon compagnon et moi, après avoir échangé un sourire entendu, nous dépêchâmes de régler l'addition.

Alors que nous le saluions, Gourvennec m'attira à l'écart.

– Vous savez, ce que j'en disais... J'ai pas d'actions dans la secte. Mais si vous voulez en savoir plus, j'ai un tuyau. Une journaliste du coin leur a consacré des articles il y a quelques années. Elle avait même commencé un livre sur le sujet. Son père était un de mes clients. Dites-lui que vous venez de ma part, ça vous ouvrira des portes... en général fermées aux hommes, si vous voyez ce que je veux dire.

Pour ne pas décevoir sa vanité, je notai l'adresse de Patricia Guivar'ch avec un enthousiasme feint. Mais, en mon for intérieur, je me rappelais à l'ordre : j'étais là pour Camille Berthier, donc pour Ophélie, et pas pour investiguer en profondeur sur les tenants et aboutissants d'une secte. Quoi qu'il en fût, la fatigue nous submergeait, et nous regagnâmes notre chambre pour plonger illico sous nos couettes.

*

* *

– Le Domaine des Menhirs ! s'écria Lorgues, peu après que nous eûmes longé les Grands Sables, la plus vaste plage de l'île, alors que nous foncions à tombeau ouvert en direction de Kerdonis, sa pointe nord-est.

Je descendis à mon tour de mon vélo de location et contemplai le panneau en bois qui avait arrêté mon compagnon.

– Le Domaine des Menhirs vous ouvre ses portes, frères humains. Venez y boire le verre (gratuit !) de l'amitié, y découvrir une communauté épousant véritablement l'enseignement du Christ, lus-je à haute voix.

– Je craignais les premiers contacts, avoua Valentin, mais si on nous invite gentiment...

Nous nous engageâmes dans une allée sinueuse, bordée de grands rochers et d'arbustes divers, qui nous mena à un manoir, dont la forme en U rappelait les fermes d'autrefois.

Des hommes et des femmes, vêtus de bures monacales, allaient et venaient, regagnant leurs ateliers respectifs. Ils avaient l'air joyeux et paisibles, et nous demeurâmes un moment à contempler le tableau en silence, nous sentant transportés quelques siècles en arrière, à l'heure où les abbayes dictaient la marche du monde occidental. Des écriteaux en bois, joliment gravés, nous conduisirent au centre du U, dans une vaste salle d'accueil qui faisait office d'auberge. Là aussi, de lourdes poutres et de grandes tables en bois, massives et rudimentaires, un âtre à l'ancienne, un comptoir reposant sur de grandes pierres, des fûts, tout niait l'écoulement du temps et des âges. Mais ce qui frappait, c'était une madonne grandeur nature, enchâssée dans une niche creusée dans le schiste des murs. Loin du luxe tapageur généralement attribué aux sectes, elle affichait simplicité et dignité, et comme une immense compassion pour la gent humaine.

– Que puis-je pour votre service ? s'enquit un gros homme à la mine débonnaire, qui balayait la salle avec entrain. Une bolée de cidre ? C'est le meilleur de la région.

– Nous souhaiterions rencontrer l'un des membres de votre communauté.

L'homme nous toisa silencieusement, et je crus lire dans ses yeux toute la défiance qui sépare les sectes du monde extérieur. Mais les volutes de suspicion et d'hostilité qui flottaient dans l'air s'évanouirent dans un grand éclat de rire.

– Nous ne sommes pas une secte, commenta l'aubergiste, satisfait de son effet. Nous n'avons rien à cacher, personne à retenir de force. Et nos rapports avec nos anciens amis, nos familles sont le plus souvent cordiaux. Qui voulez-vous saluer ?

– Camille Berthier.

Les yeux de notre hôte s'arrondirent, comme si j'avais évoqué les « Montagnes escarpées » dans l'un de ces bons vieux *Tarzan*.

– Elle est en Ukraine.

J'échangeai un regard interloqué avec Valentin.

– Elle accompagne l'une de nos missions humanitaires, continua notre hôte.

– Quand son retour est-il prévu ?

– Dans trois jours, fit l'aubergiste alors que je m'attendais à une réponse vague et suspecte.

– Parfait ! conclut mon compagnon. Et si vous nous parliez de votre communauté ?

Stupéfait, je me retournai vers Valentin qui souriait benoîtement, satisfait de la situation. Je l'aurais étranglé mais le disciple du Guide le couvait du regard avec des lueurs maternelles, sinon des larmes retenues.

Nous eûmes droit à une visite des différents ateliers, des salles de lecture et de prière. Cela s'avéra agréable et je n'en revenais pas d'échapper à toute propagande. Mais peut-être n'était-ce qu'une ingénieuse prise de contact, car, quand vint l'heure de nous séparer, notre cicérone proposa une dernière découverte. Il nous mena à l'arrière des bâtiments, dans une grotte artificielle qui faisait office de chapelle. Devant une réplique de la madonne de l'auberge, un grand vieillard, drapé de blanc, priait avec dévotion. Je devinai que nous allions avoir l'insigne privilège d'être présentés au Guide de l'Eglise restaurée de Notre-Dame-Corédemptrice.

– Ici, il n'est pas question de dogme et d'institution, expliquait notre nouvel interlocuteur, mais d'amour, de travail, de charité, de fraternité. Nous nous référons uniquement à l'enseignement de Notre Seigneur Jésus et de sa mère, les deux rédempteurs du genre humain.

– C'est-à-dire aux Evangiles ? osai-je, téméraire.

– Bien sûr, mais aussi aux messages délivrés à certains élus, comme saint Jean.

– Quand vous parlez de l'enseignement de Marie, vous faites référence...

– ... aux apparitions de La Salette et Fatima, qui font écho aux prophéties de Marie-Julie Jahenny, à celles de saint Jean, de Nostradamus. Tout se tient, c'est évident, et c'est pour cela qu'il nous faut œuvrer en dehors de l'Eglise romaine, que Dieu a depuis longtemps jugée et condamnée. Rappelez-vous les paroles de la Vierge aux enfants de La Salette : « Rome perdra sa foi et deviendra le siège de l'Antéchrist ». C'est ce qu'elle a répété à Fatima : « Satan réussira à s'introduire jusqu'au sommet le plus élevé de l'Eglise ».

– Quoi ? Le pape lui-même serait...

– Des milliers de chrétiens en sont convaincus. Les faits parlent d'eux-mêmes : depuis des décennies, les antipapes qui dirigent l'Eglise multiplient les efforts pour la saborder. N'est-ce pas la marque de l'Antéchrist ?

– La saborder ? fis-je, soufflé par la virulence du propos. L'Eglise a connu des jours meilleurs, mais...

– Dites qu'elle se meurt ! En France, la fréquentation des églises a chuté de 40 à 10 % ces dernières décennies. Chez les jeunes adultes, les 18-25 ans, il n'y a plus que 3 % de pratiquants. Et nous parlons d'une nation qui est « la fille aînée de l'Eglise ». Pourquoi ? Parce que de contradiction en contradiction, ce qui est un comble pour de prétendus « infaillibles », des représentants d'une vérité immuable et éternelle, on a réussi à décourager aussi bien les conservateurs que les progressistes.

– J'ai entendu parler d'un mystérieux « secret de Fatima ». De quoi s'agit-il ?

– On a beaucoup parlé jadis de ce « troisième secret », mais les débats ne sont plus aujourd'hui à la religion. Que savez-vous de Fatima et La Salette ?

– A vrai dire, pas grand-chose, fis-je un peu honteux.

– On ne demande qu'à apprendre, intervint Lorgues.

Le père Grelot nous considéra une longue minute. Etait-il surpris par notre ignorance, ou par nos bonnes dispositions ?

– Si vous souhaitez que je raconte l'affaire par le menu, je vous invite à regagner l'accueil. Vous méritez quelques bolées de cidre, et puis j'ai des documents à vous montrer.

*

* *

– Tout a commencé un dimanche, le 13 mai 1917, dans les collines de la paroisse de Fatima, au Portugal. Trois petits bergers, Lucia, Francisco et Jacinta, achèvent leur déjeuner quand un éclair déchire le ciel azuré. Une belle dame apparaît, au lieu dit « La Fosse d'Irène ». Elle se présente comme venant du Ciel et leur demande de revenir au même endroit et à la même heure le 13 de chaque mois. Les pastoureaux obtempèrent et la revoient six fois. Dès la seconde manifestation, des dizaines de gens accompagnent les enfants, puis ce seront des milliers, qui pour beaucoup témoigneront avoir observé d'étranges phénomènes, comme par exemple la « miraculeuse danse du soleil » du 13 octobre. Lors de la troisième rencontre, Marie-Corédemptrice délivre à Lucia le message de Fatima, trois révélations qu'elle doit tenir secrètes un certain temps. Et pour cause. La première concerne l'avenir des enfants : si Lucia est assurée d'une longue vie, Jacinta et Francisco disparaîtront prématurément. De fait, la grippe espagnole les emportera deux ou trois ans plus tard. La deuxième concerne les guerres mondiales : celle qui est en cours s'achèvera bientôt, mais elle sera suivie d'une seconde. A la demande de l'évêque de Coïmbra, Lucia couche ces prophéties sur papier en 1930. Elles seront rendues publiques en 1942. Mais Lucia a refusé la divulgation du troisième secret. Il faudra attendre 1945 pour qu'elle accepte d'en transmettre la relation écrite à l'évêque de Leira, sous double enveloppe, contre la promesse de ne rien révéler avant 1960, époque où le message deviendrait intelligible. En 57, le texte arrive au Vatican ; en 60, Jean XXIII en prend connaissance et le remet sous enveloppe cachetée, avant de le faire disparaître dans les archives vaticanes ! Curieuse attitude, n'est-ce pas ? Qui ne trouve qu'une explication : le contenu du secret ébranlait l'autorité romaine.

J'allais répliquer qu'il y avait d'autres interprétations, mais le Guide me coupa l'herbe sous le pied en allumant un incendie dans nos appétits.

– Heureusement, les rumeurs qui couraient autour de l'énigme ont rencontré une éclatante confirmation en octobre 1963, lorsqu'un extrait du troisième secret parut dans le *Neues Europa*. Ce journal allemand s'en était emparé à la suite d'une indiscrétion commise lors d'échanges d'informations entre Paul VI et les présidents américain et soviétique. Mais tenez, jugez par vous-même.

Célestin Grelot nous tendit une brochure éditée par sa communauté. Je m'en saisis avec une avidité carnassière qui pétrifia Valentin. Confus, je déposai le fascicule entre nous, tandis qu'un mouvement de l'âme singulier me ramenait à la *Peau de chagrin* de Balzac. Et c'est en frissonnant que j'entamai la lecture du texte prophétique :

« Ce fut au 13 juillet 1917 que la Sainte Vierge dit à Lucie : "Et maintenant proclame en mon nom :

Un grand châtiment touchera le genre humain entier, pas encore aujourd'hui, ni demain, mais dans la deuxième moitié du XXe siècle. Ce que j'ai déjà révélé à La Salette par les enfants Mélanie et Maximin, je le répète aujourd'hui devant toi.

Le genre humain a péché et foulé aux pieds le don qui lui a été fait.

Nulle part ne règne l'ordre. Satan règne même sur les plus hauts postes et détermine la marche des choses. Il réussira à s'introduire effectivement jusqu'au sommet le plus élevé de l'Eglise. Il réussira à séduire les esprits de grands savants, qui inventent des armes avec lesquelles on peut détruire la moitié de l'humanité en quelques minutes... Si les grands de la terre et de l'Eglise ne devaient pas l'empêcher, Moi je m'en chargerais et je demanderais à Dieu, mon Père, de laisser venir le grand châtiment sur les hommes.

Et vois alors, Dieu châtiera les hommes plus sévèrement qu'Il ne le fit par le Déluge. Les grands et les puissants y périront, tout comme les petits et les faibles.

Mais aussi pour l'Eglise il viendra un temps des plus graves épreuves. Des cardinaux s'opposeront contre des cardinaux, et des évêques contre des évêques. Satan marchera au milieu de leurs rangs.

Dans Rome, il y aura de grands changements. Ce qui est pourri tombera, et ce qui tombe ne se relèvera plus. L'Eglise est obscurcie et le monde tournera en frayeur.

La grande, grande guerre tombera dans la deuxième moitié du XXe siècle.

Du feu et de la fumée tomberont alors du ciel et les eaux des Océans seront vaporisées, alors que l'écume éclatera vers le ciel, et tout ce qui est debout s'effondrera. Des millions et encore des millions d'hommes périront d'heure en heure, et ceux qui alors vivront encore, envieront ceux qui ont péri. De quelque côté que l'on regarde il y aura angoisse, misère sur toute la terre, et ruines dans tous les pays.

Vois, le temps approche de plus en plus, l'abîme s'élargit toujours; il n'y a pas de délivrance; les bons périront ensemble avec les mauvais, les grands avec les petits, les princes de l'Eglise avec leurs fidèles, et ceux qui règnent sur le monde avec leurs peuples; partout il y aura mortalité par la faute des hommes insensés et des partisans de Satan, qui alors seul régnera sur le monde.

Ce sera un temps que nul roi ou empereur, nul cardinal ou évêque n'attendra et qui cependant viendra pour punir et venger selon les desseins de mon Père.

Ultérieurement toutefois, quand ceux qui survivront à Tout seront encore en vie, on proclamera de nouveau Dieu et sa gloire; on servira de nouveau Dieu.

J'appelle tous les disciples de mon Eglise de Jésus-Christ, tous les vrais chrétiens et les apôtres des derniers temps.

Le temps des temps viendra et la fin de toutes les fins, si l'humanité ne se convertit pas et si cette conversion ne vient pas d'en haut, de ceux qui dirigent le monde et l'Eglise.

Mais malheur, malheur, si cette conversion ne devait pas venir et si tout devait rester comme c'est maintenant ou s'aggraver encore beaucoup.

Va mon enfant et proclame-le.

A cette fin, Je serai toujours ton aide à ton côté". »

– « La grande, grande guerre »... fis-je songeur. Le XXe siècle s'achève. Et à vrai dire...

– N'allez pas trop vite, intervint Lorgues soucieux. Les prophéties, les voyances sont souvent mal interprétées, parce que mal restituées ou comprises trop littéralement. Il y a des mélanges d'images, de simples symboles et des approximations, sinon de petites erreurs. Qui n'en commet ?

– Dans ce cas ? glissa Grelot médusé.

– Il me semble que votre « grande guerre » présente des analogies avec le second conflit mondial, qui fut suivi d'une crise dans la chrétienté. « Des cardinaux contre des cardinaux, des évêques contre des évêques », ce pourrait signifier Vatican II et ses conséquences, le départ des traditionalistes de Monseigneur Lefebvre...

– ... et de beaucoup d'autres, intervint le Guide au comble de la satisfaction. Oui, vous raisonnez admirablement : la « grande guerre » pourrait n'être que le prélude de l'apocalypse, et non l'apocalypse elle-même. Mais quelle belle journée que celle-ci. Qui a médit des jeunes d'aujourd'hui ?

Le père Célestin se leva pour aller chercher un nouveau document. Il paraissait dans un tel transport de félicité, soudain si léger, si éthéré, que je redoutais de le voir léviter à la manière des maîtres tibétains. Je m'abstins de rompre le charme. Pourtant, si les réflexions de Lorgues étaient sensées, je les jugeais dangereuses. En acceptant que la vérité se complaise dans un flou artistique, en bâillonnant toute critique pointue, ne mettait-il pas un terme aux débats, n'ouvrait-il pas la porte aux dérives ?

– C'est le « Secret de La Salette » ! s'exclama Grelot à son retour, élevant à hauteur d'épaule un mince livret garance. Et que dit-il ? « Un avant-coureur de l'Antéchrist, avec ses troupes de plusieurs nations, combattra contre le vrai Christ, le seul Sauveur du monde ; il répandra beaucoup de sang et voudra anéantir le culte de Dieu pour se faire regarder comme un dieu ». Eh bien, c'est... Hitler.

J'étais soufflé. Je me demandais si j'assistais à la naissance d'une théorie métaphysique.

– Ce n'est pas tout, reprit le père Célestin : « Avant que ceci (l'Apocalypse !) arrive, il y aura une espèce de fausse paix dans le monde ; on ne pensera qu'à se divertir ; les méchants se livreront à toutes sortes de péchés ». N'est-ce pas une description lucide de notre fin de siècle ? Or elle date de 1846 ! Et ceci : « En l'année 1864, Lucifer avec un grand nombre de démons seront détachés de l'Enfer ; ils aboliront la foi peu à peu et même dans les personnes consacrées à Dieu ».

Or c'est en septembre 1864 que s'est constituée, à Londres, la première Internationale. Dois-je vous faire un dessin ?

Je demandai à lire ce second texte prophétique. Il était trois fois plus long que celui de Fatima, mais j'y retrouvai les mêmes accents apocalyptiques. Naissance de l'Antéchrist ; corruption de l'Eglise de Rome, de ses prêtres et de ses princes ; pluie de catastrophes sur la pauvre humanité. Au milieu d'un fatras d'imprécations menaçantes, souvent redondantes, je relevai ce qu'on n'avait pas manqué d'interpréter comme des allusions aux récentes fractures de la chrétienté ou aux progrès technologiques du XXe siècle.

– Pas réjouissant, lâchai-je en feignant l'inquiétude.

– Relisez les dernières lignes : « Alors, l'eau et le feu purifieront la terre et consumeront toutes les œuvres de l'orgueil de l'homme, et tout sera renouvelé : Dieu sera servi et glorifié ». L'épreuve sera douloureuse mais juste, et une ère merveilleuse s'ouvrira pour une humanité régénérée. Il n'y aura plus qu'un seul peuple, celui des enfants de Dieu et du Christ. L'harmonie, la paix régneront.

– Et votre rôle dans le Grand Plan divin, mon père ? risqua Valentin.

– Contribuer au maintien sur terre d'une véritable Eglise chrétienne, qui justifiera le pardon divin. Et puis, sans nous décourager ni nous désoler, sauver un maximum de nos frères humains, en les ramenant à l'enseignement du Christ par nos brochures et l'exemple d'une vie active et généreuse.

Je retins un *Amen* ironique qui aurait déparé notre prestation d'ensemble et desservi la bonne marche de notre enquête. Mais il était temps de nous éclipser. Nous nous séparâmes du Guide en nous promettant de nous revoir.

CHAPITRE CINQUIÈME

Quand personne ne nous regarde, que nous sommes seuls face à nous-mêmes, nous courons, toujours aussi rapides et peureux que naguère, pour fuir les ténèbres que nous savons cachées derrière la porte de tant de foyers apparemment sans histoire, pour fuir les hantises greffées dans la cervelle des enfants par ceux-là même que la nature leur dit de croire et d'aimer, nous courons, plus pressés et plus nombreux encore, vers le mirage de ces potions, de ces médications, de ces prêtres, de ces philosophies, qui nous promettent de terrasser nos frayeurs et nos cauchemars et qui nous réclament, en échange, une dévotion servile. (C. CARR, *L'aliéniste*)

VOUS ÉTIEZ à deux doigts d'intégrer l'« Eglise restaurée » de saint Grelot, non ?

– J'ai joué le jeu avec maestria, mon cher Sauterre. Je ne puis en dire autant à votre sujet. Je vous ai senti plusieurs fois sur le point de commettre l'irréparable.

– Vous aviez l'air sincère.

– Allez savoir. La vérité est protéiforme.

Après un court moment de réflexion, j'avais décidé d'attendre le retour de Camille, profitant des avantages du métier d'écrivain. Mais je n'étais pas là pour le *dolce farniente*. Aussi avais-je proposé de nous rendre à l'adresse indiquée par le patron du Bretagne. Lorgues avait applaudi mon esprit d'initiative, mais il m'était toujours difficile de discerner ses sentiments réels.

Laissant derrière nous le Domaine des Menhirs et la Pointe de Kerdonis, nous pédalions vers Locmaria, la commune la plus méridionale de Belle-Ile. Un coup d'œil à la belle église blanche au clocher en poivrière, un autre à la crique de Port Maria, et nous débutâmes la remontée de la départementale qui conduit à l'extrémité nord-ouest de l'île, vers la Pointe des Poulains et Sauzon, à l'entrée de laquelle vivait Patricia Guivar'ch.

Quelle ne fut pas notre surprise lorsque nous découvrîmes le domicile de la journaliste : une énorme bâtisse patinée par les siècles, qui aurait aisément abrité le musée du folklore breton.

Je sonnai. Deux minutes s'écoulèrent sans un bruit. Nous nous apprêtions à regagner nos élégants destriers quand la porte de chêne s'ouvrit, découvrant un coin de paradis païen. Une apparition à la *Jessica Rabbitt*, et j'aurais hurlé avec les loups de Tex Avery, tournant la page de trente années d'éducation policée. Une jeune fille se tenait devant nous, capiteuse et languissante, ses formes pâtissières moulées dans une courte et mince robe-cardigan dont les petites pressions ne semblaient là que pour la faire monter. Une Lolita "relookée nineties", avec des cheveux homard en pétard, des breloques à la Madonna et quelques litres d'encre de poulpe au bout des tentacules, sur les cils et les paupières.

– Bonjour, Mademoiselle, balbutiai-je avec un trouble consternant, vous êtes Patricia Guivar'ch ?

– Non, fit-elle avec un laconisme désarmant.

– Vous êtes peut-être sa fille ? continuai-je en coulant à pic.

– Pas vraiment, rit-elle.

– Nous pourrions lui parler ? intervint froidement Lorgues. Nous venons de Belgique pour retrouver une amie qui vit dans la communauté du père Célestin. Et nous savons que Madame Guivar'ch...

– Mademoiselle Guivar'ch, corrigea Lolita.

– ... que mademoiselle Guivar'ch a consacré pas mal de temps à enquêter sur l'Eglise restaurée.

– Ça remonte à Mathusalem ou aux *Sex Pistols*, lâcha-t-elle dédaigneusememt. Enfin, je vais voir... Attendez un instant.

Je la regardai s'éloigner sans se presser, balançant insouciamment du popotin. J'ajoutai aussitôt Kim Novak à mon cocktail référentiel, celle de *Kiss me stupid* ou de *L'adorable voisine*.

– Qu'est-ce qu'elle a dit ? s'enquit Valentin. Les sexes... ?

– Les Sex Pistols, le groupe punk mythique. Je réalise avec plaisir que votre culture a ses limites.

Que s'est-il passé ? Un ouragan de quarante ans a déferlé, longs cheveux d'ébène dans les airs, pull à col roulé et jeans, le tout à l'allure négligée mais dynamique et franche. Deux impressionnantes pièces d'artillerie pointaient vers l'envahisseur, qui s'attendait à ramasser une giclée de tétons. Mais nous fûmes plutôt cueillis par la convivialité personnifiée, l'hospitalité absolue. Une heure plus tard, nous étions occupés à déjeuner tous les quatre comme de vieux amis, on se tutoyait (sauf Valentin et moi, ce qui était d'un ridicule achevé) et on se racontait. Patricia adorait la littérature. Mon début de carrière, à Bruxelles puis Paris, la fascinait, d'autant qu'elle-même avait jadis quitté Belle-Ile pour le continent, la grande ville, Rennes en l'occurrence. Après s'y être forgé une place enviable dans le journalisme, elle avait rencontré Nadège qui n'aspirait qu'au grand air et à la mer. A la mort de ses parents, héritant d'une maison difficile à gérer mais dont elle ne pouvait se défaire, elle avait choisi le retour aux sources, continuant ses activités grâce à son puissant PC, Internet, le fax et autres merveilles technologiques. Quant à Nadège, moins loquace, elle était graphiste, spécialisée dans le dessin pour enfants. Comme Lorgues se prétendait artiste-peintre, on avait de quoi causer. Encore fallait-il en arriver à l'essentiel, et imaginez notre embarras quand on en vint aux raisons de notre présence à Belle-Ile. Nous dûmes réfréner notre envie de tout partager, nous limitant aux premiers propos de Lorgues. Malgré la déformation professionnelle, Patricia respecta notre mutisme et, sans rancune, avec une générosité magistrale, elle se proposa de satisfaire notre curiosité.

– En 1983, mes études terminées, je me partageai entre Rennes et Belle-Ile, quand il ne fut plus question que de l'installation de la secte du père Célestin. Les pires rumeurs, la suspicion générale, l'inquiétude de mes proches... Il y avait matière à une enquête aussi utile que passionnante.

Mes premiers contacts avec les membres de l'Eglise restaurée furent on ne peut plus positifs. Le Guide était charmant, cultivé et ouvert. On pouvait se gausser de ses convictions sur une prochaine apocalypse, de ses sources prophétiques; être heurté par son regard sur l'Eglise romaine et ses dirigeants. Mais il tentait de reconstruire un message chrétien véritable, sans fanatisme ni prosélytisme exacerbés, en donnant un sens aux errements d'une institution vacillante. Et puis, il y avait la franchise des premiers membres de la communauté, qui me donnaient spontanément les éléments nécessaires à des investigations plus poussées. J'ai pu reconstituer l'itinéraire du père Célestin Grelot. Et ce n'était pas l'un de ces gourous qui ont passé leur jeunesse à poursuivre la célébrité, dont on retrouve la trace dans les archives du show business ou des compétitions automobiles. Il avait consacré sa vie à Dieu, ayant été durant des décennies un curé adoré par ses paroissiens, engagé dans la défense des faibles et... ses querelles à répétition avec l'épiscopat. Je crois que ses démêlés avec la hiérarchie l'avaient rendu amer, frustré. Puis il avait croisé la route de Pierre Poulain, un ancien disciple de Clément XV.

– Clément XV ? m'étonnai-je. C'était avant Jean XXIII ?

– Il n'y a jamais eu de pape Clément XV, intervint Lorgues. Mais peut-être Patricia veut-elle parler d'un antipape ?

– Tout dépend du point de vue adopté. Mais je ne sais plus par quel bout saisir ce récit. Prenons du recul. Ces dernières décennies, des millions d'individus se sont trouvés dans la position du père Grelot face à des institutions, des hiérarchies qui paraissent uniquement préoccupées d'elles-mêmes, détachées des idéaux qui les ont engendrées. C'est le cas en politique comme en religion. Alors, la population, désespérée, cherche de nouvelles illusions. Et ce sont des partis anticonformistes, comme les Verts ou le Front national, des sectes exotiques, des personnalités charismatiques de tous bords, comme ces Berlusconi, ces Tapie. Pour certains, c'est la fuite en avant dans le futur ; pour d'autres, la quête des traditions bafouées, des messages du passé. Ainsi, dans le sillage d'une incompréhension, d'un rejet de plus en plus marqué de l'évolution de l'Eglise romaine, des milliers de chrétiens se sont tournés vers les prophéties, dans une quête éperdue de sens. La peur d'une fin de millénaire refait surface, on relit saint Jean et Nostradamus qui a prédit une apocalypse imminente, mais aussi l'intervention providentielle d'un Grand Monarque originaire de France. On se passionne pour les prétendus secrets de La Salette et Fatima, pour les déclarations de Marie-Julie Jahenny.

– Fatima et La Salette, Grelot nous en a abondamment parlé, mais cette Jahenny...

– La « stigmatisée de La Fraudais », un hameau en Loire-Atlantique. En 1873, la Vierge lui aurait proposé de revivre la passion de son fils contre notre salut. Et la brave dame d'accepter, recevant du ciel diverses révélations, comme celle d'un chaos total précédant l'intervention d'un sauveur providentiel.

– Tout se recoupe, murmura Valentin fasciné.

– Si on s'épargne l'étude des détails, reprit Guivar'ch. Observez que les apparitions de La Salette et Fatima se font en présence de jeunes bergers ignares, naïfs, aisés à influencer. Et leurs prétendus secrets disparaîtront dans les oubliettes vaticanes. Pour protéger leur pérennité ou, plus vraisemblablement, en occulter la vacuité, le ridicule ?

– Il y a les textes, glissai-je.

– Parlons-en. Leur publication est postérieure de plusieurs dizaines d'années aux faits évoqués. Tant et si bien que les prévisions s'en trouvent fort suspectes. Qu'il s'agisse de l'assimilation Internationale-Démon ou des décès inattendus des petits Portugais. Quant aux conflits mondiaux, le premier aurait dû s'achever onze mois plus tôt et le second débuter sous le pontificat suivant.

– Les phénomènes merveilleux de Fatima ?

– Plusieurs témoins ont reconnu qu'on a exagéré la portée de faits assez anodins. Reste le troisième secret, publié par le *Neues Europa*. Mais rien ne prouve son authenticité. Il peut s'agir d'un coup monté dans la lignée des faux *Carnets d'Hitler*. Mais revenons à La Salette. Des rumeurs ont rapporté que le message marial aurait annoncé la venue d'un sauveur, le Grand Monarque français de Nostradamus. Une convergence qui s'éclaire d'un jour nouveau si l'on sait que Maximin Giraud, l'un des deux bergers, était un familier des milieux légitimistes et du comte de Chambord en particulier, un prétendant au trône de France ! C'est dans ces eaux politiques que va se développer l'aventure du pape Clément XV.

Patricia marqua un temps d'arrêt, se resservit un verre de rouge et repartit de plus belle.

– Michel Collin voit le jour au sein d'une famille lorraine ultra-catholique. Durant sa prime jeunesse, il survit « miraculeusement » à de graves problèmes de santé, et on l'aide à y voir un signe de protection divine. Il sombre dans le mysticisme et se croit l'objet de visions. Devenu prêtre, il est nommé évêque « par Jésus lui-même », à l'insu de sa hiérarchie ! Sous l'Occupation, il se prend pour Jeanne d'Arc et organise une sorte de croisade burlesque autour d'un mystérieux « Chevalier blanc », un pauvre garçon que Collin et ses proches ont convaincu d'être le Grand monarque tant attendu. Après avoir connu une étonnante popularité, l'aventure tourne court, Michel rentre dans le rang, et dans un couvent. Il n'y reste pas longtemps. Il s'échappe et se proclame pape. Sa théorie, et elle sera reprise avec des aménagements par plusieurs sectes, repose sur la vacance papale déduite de la condamnation de Rome par La Salette et Fatima. A ses yeux, ou à ses voix, serait-on tenté d'ironiser, Pie XII et Jean XXIII ont été assassinés pour laisser place aux sbires du Diable. Pour le salut du genre humain, il faut leur opposer une alternative légitimée par Dieu lui-même. Michel Collin ne sera pas le seul à offrir ses services. Quand certains commencent à le trouver trop imbu de sa personne, l'un de ses disciples, Pierre Poulain, fonde l'« Œuvre de Restauration » et se présente à son tour comme le sauveur annoncé. Encore un cas, celui-là. Méningite à deux ans, coup de sabot de cheval à la tête un peu plus tard, une fiancée qui s'enfuit effrayée par sa logorrhée mystique, séjour en hôpital psychiatrique. Tout cela ne l'empêche pas de recueillir un franc succès : des milliers de pèlerins accourent de France, de Belgique ou d'Espagne pour visiter Derval, la nouvelle Jérusalem *made in* Bretagne. Parmi ceux-ci, une cohorte andalouse menée par l'ineffable Clemente Dominguez. Un stage de formation sans doute car, quelques mois plus tard, Dieu demande à ce dernier d'assurer la papauté sous le nom de Grégoire XVII ! Et Palmar, en Andalousie, de devenir le centre spirituel d'un ordre qui compte rapidement plusieurs abbayes et des milliers de fidèles. Mais la situation n'est pas encore assez embrouillée : au Québec, un évêque du bon Clément XV quitte son Eglise pour créer la faction des « Apôtres de l'Amour infini », sous le nom de Grégoire XVII ! Ce n'est pas tout...

– Pitié ! m'écriai-je en proie au vertige.

– Soit, sourit Patricia, je vous épargne Michel Potay et les autres. Et les manifestations amusantes ? Les pluies d'hosties, les stigmates invisibles parce qu'intérieurs...

– Non ! suppliai-je. Revenons-en au père Célestin.

– Excommunie-le, Patricia, railla Lorgues.

– Qu'on le béatifie ! répliqua Nadège.

– Sur le tard, Grelot a découvert Pierre Poulain, s'installant même à Derval après sa mise à la retraite. Il croyait avoir trouvé un sens à ses interrogations, quand éclate l'affaire du « Bébé de l'Apocalypse ».

– Ça, c'est le prochain *Ric Hochet* !

– Pardon ?

Lorgues me regardait d'un air réprobateur, tandis que Nadège paraissait aux anges, ce qui satisfaisait mon ego.

– Une célèbre BD policière, fis-je en toisant Valentin. Mais reprends, tu deviens passionnante.

– Merci. Plantons le décor. Derval, décembre 1979. Marie-Odile, une jeune disciple de l'Eglise restaurée, passe la nuit chez Poulain.

– En quel honneur, si je puis dire ?

– A la saillie ! hurla Nadège avec un geste obscène qui crucifia Lorgues.

– La Vierge s'était adressée au Restaurateur, lui demandant de hâter son retour sur terre. En tant que représentant de Dieu sur terre, la tâche lui incombait d'ensemencer une sainte adolescente. Imaginez la scène.

– J'essaie, glissai-je en admirant les formes ondulantes de ma plus jeune hôtesse.

– Je vais chercher la cruche d'eau ! s'esclaffa Nadège.

– Tous ces charmants disciples de Derval passant la nuit en prière pendant que... Enfin, passons.

– Mais non ! On a eu droit à Grégoire et Clément, au Québec et à l'Andalousie, au Chevalier blanc. Et là, j'ai l'occasion de comprendre le dogme de l'Immaculée Conception.

– Je n'en sais pas davantage.

– C'est ce qu'on appelle un mystère de la foi, sourit Nadège avec une moue irrésistible.

– Neuf mois plus tard...

– ... naissance du petit Jésus !

– C'est là qu'est l'os. On attend une petite Marie...

– Effarement : elle a un petit zizi !

– Exactement. Alors, tout est organisé pour cacher la naissance du bambin, mais la presse s'empare de l'affaire. Scandale, désertion de disciples. Dont notre Grelot, qui a erré, médité, puis s'est lancé à son tour. Et nous voici arrivés à la création de son Eglise, une dissidence de l'Œuvre de Restauration.

– On se croirait dans la campagne électorale d'*Astérix*

chez les Goths, un chef-d'œuvre qui manque certainement à votre culture classique, Valentin.

L'après-midi se terminait. Nous jugeâmes qu'il était temps de quitter les lieux, mais Guivar'ch voulut nous les faire visiter. Quand nous découvrîmes la profusion d'escaliers, corridors et pièces, nous tombâmes sous le charme. Et il y avait les greniers, les caves. Un délicieux parfum de mystère suintait des vieux murs au papier peint suranné. Un arrière-goût mélancolique aussi, car une grande partie de la maison était laissée à l'abandon, faute de moyens, faute d'occupants.

– Si j'ai bien compris, fit Patricia alors que nous franchissions le seuil, vous voilà contraints de loger quelques nuits à l'hôtel.

– Ça n'a rien de catastrophique. On en profitera pour se revoir.

– Si je vous proposais la chambre d'amis ? Entre artistes, il faut s'entraider.

Je vis la tête de Lorgues changer de couleur. Il n'avait pas l'air emballé, ce qui me décida.

– Nous ne voudrions pas vous déranger, protestai-je pour la forme, entrouvrant la porte de l'acquiescement.

– Et puis, ça ferait jaser, maugréa Valentin.

– Oh non ! Ça nous rendra service, vu que le voisinage se désole de nos relations saphiques.

Les deux femmes se mirent à rire, mais je me demandais s'il agissait d'humour ou d'aveu. Peu m'importait au fond, encore que Nadège...

– Soit ! J'accepte l'invitation avec plaisir. Et vous, Lorgues ? On se sépare ?

– Vous ne vous débarrasserez pas si facilement de moi, mon cher.

– Vous avez de drôles de rapports, vous deux, commenta Nadège.

– Pas tant que cela, répliqua mon compagnon d'aventures en me jetant un regard de défi. Monsieur Sauterre tient beaucoup à moi, mais il ne le sait pas encore.

Je haussai les épaules, satisfait d'avoir pour un temps renversé nos rôles trop figés. Car ce soir-là, j'étais Méphistophélès.

CHAPITRE SIXIÈME

Elle avait ce regard provocant que seule une putain ou la star la plus inaccessible peuvent se permettre. Un regard qui m'engageait à me coller à son corps comme le lierre à un mur.
(Ph. KERR, *L'été de cristal*)

BRR ! Il fait plus froid ici qu'à l'hôtel. Quelle idée que ce déménagement !

– Le goût de l'aventure, Lorgues ? Foin de tous ces lieux aseptisés. De l'imprévu, du vivant, que diable.

– Vous vous livrez à l'exercice subtil du pastiche ?

– J'ai lu un passage qui... Voilà. « Le comble du bien-être est de n'avoir, entre votre corps au chaud et le froid extérieur, que votre courtepointe. Alors, vous êtes comme une étincelle unique au cœur d'un cristal arctique ».

La phrase me semblait jolie, et ô combien adaptée à la situation. Valentin, qui venait d'enfiler un pyjama, se glissa sous les draps.

– Que lisez-vous ?

– *Moby Dick*, d'Herman Melville. Un de ces chefs-d'œuvre anglo-saxons où le souffle de l'aventure le dispute à la réflexion métaphysique. Jack London, Stevenson, *Dracula* et *Frankenstein*... Notre littérature francophone offre-t-elle pareilles perfections romanesques ? Pourquoi les livres captivants sont-ils chez nous sans épaisseur et les ouvrages intelligents très ennuyeux ?

– Continuez sur votre lancée. Vous recherchez l'harmonie des contraires, le retour à l'unicité parfaite, l'exploitation de toutes les potentialités. Vous vous rapprochez de mes convictions, mon cher.

– « Il n'y a pas d'endroit plus propice à la confidence entre amis que le lit, repris-je pour conserver la préséance. On dit que maris et femmes s'y confessent jusqu'au tréfonds de leur âme, et souvent quelques vieux couples restent ainsi à causer du temps passé jusqu'au petit matin ».

Valentin partit dans un grand rire, qui s'acheva dans les bras de Morphée. Je restai seul avec Melville et mes réflexions. Quelle situation ! C'était la première fois que je partageais un lit, aussi immense fût-il, avec un homme. Je me consolai en songeant à la cohabitation d'Ishmaël, le narrateur de *Moby Dick*, avec l'Indien Queequeg. Avec son mystère et ses singularités, Lorgues offrait des similitudes avec l'exotique harponneur. A moins que ce ne fût avec Achab, ce capitaine possédé qui entraîne ses hommes au-delà des limites de leur univers.

*
* *

Ce matin-là !

Je n'avais pas dormi de la nuit. Vers l'aube, le lit et mon corps s'étaient enfin accordés, et je m'étais laissé glisser au fond des ténèbres de l'inconscience. Sans doute les heures avaient-elles passé quand je ressentis une impression plutôt agréable. Je remontai lentement à la surface, mon esprit se concentrant sur le lieu du mystère : mon entrejambe. Oui, mon sexe, qu'une main avait saisi et caressait avec une science avertie. J'allais m'abandonner docilement quand un clignotant rouge déchira tout plaisir. Je me dégageai d'un coup de coude et me retournai ivre de rage. Mais, alerté par un cri trop aigu, je me trouvai nez à nez avec l'une de mes hôtesses.

– Nadège ? fis-je médusé.

– Je ressemble à Valentin-Etienne ? rétorqua-t-elle mutine. Votre copain et Patty sont descendus sur Sauzon et ils ne seront pas là avant deux heures.

Nadège était étendue sur le dos, nue, étalant ses splendeurs mordorées dans la brume suave d'effluves étourdissantes. S'était-elle baignée à la mode orientale dans une cuvette emplie d'onguents ? Elle n'était plus que jasmin et chair frémissante.

Laissons la scène en suspens pour préciser certains points. Je n'avais rien d'un libertin. J'avais même longtemps professé un certain désintérêt pour la bagatelle, mes sens tournés vers la littérature et la musique. Mes souvenirs d'adolescence se limitaient à de platoniques amours, que je n'avais pas songé à partager. Reclus dans mes rêveries, le monde n'était pour moi qu'un gigantesque écran que je visionnais en spectateur décalé. Pourtant, la vie m'attendait au tournant, patiente et sans rancune. A 17 ans, j'avais participé à mon premier bal et reçu illico mes premières leçons dans la grammaire de l'amour. Trois ans plus tard, je devançais la plupart de mes amis en me mettant en ménage. Laure, cinq années d'un bel amour. Mais je tournai la page, parce que la vie, qui avait tant sommeillé en moi, explosait de toutes parts. Ce ne fut pas triste, ou plutôt si, car plaisirs et bonheur, je l'ai compris, ne sont guère complices. Aussi retombai-je, après diverses fortunes et infortunes, dans mes travers d'écrivain solitaire, absorbé par ses projets de romans. Et Ophélie, ce second arc-en-ciel, n'avait été, somme toute, qu'une parenthèse.

Revenons à Nadège. J'y étais bien. En elle, je veux dire. Et comment en aurait-il été autrement ? Quel homme sensé aurait refusé pareil festin ? J'étais l'un des fleuves du paradis, qui serpente en plein soleil, léchant vallons et coteaux, qui s'évanouit dans les antres, goûtant fraîcheur et mystère ; je me saoulais en méandres, me dissipais en bras égarés qui, en vue de l'estuaire, convergeaient à nouveau ; et je gonflais en vue de l'océan, pour m'y jeter en un déferlement barbare.

– Je pensais que Patricia et toi...

– L'un n'empêche pas l'autre. J'ai beaucoup vécu, tu sais, et les hommes m'ont pas mal déçue. J'ai frôlé la casse. Je t'épargne les détails. Patty, Belle-Ile, la maison, ça m'a sauvé, et je préfère pas rechuter. J'ai fait une croix sur pas mal de trucs. Mais bon, je m'accorde parfois un petit extra. Surtout qu'avec un homme, je trompe pas vraiment Patty.

– La subtilité m'échappe.

– Du moment qu'elle échappe pas à Patty.

– Et on va où, comme ça ?

– Nulle part.

Elle s'était retournée pour chercher une cigarette sur la table de nuit. J'admirais son dos fuselé, tout en m'irritant de sa maîtrise du jeu. Soudain, je sentis une flamme me parcourir l'entrejambe. L'exaspération réactivait mon désir, à moins que ce fût sa croupe trop généreuse. Sans crier gare, je la plaquai vigoureusement contre le matelas, pour l'enfourcher comme une cavale fougueuse.

– Mais qu'est-ce que tu fiches ? gémit-elle très inquiète.

Elle cria, de douleur et de surprise, quand je la pénétrai brutalement par derrière, mais, passé la virulence d'un premier assaut, je modulai ma course avec adresse, l'envoyant valdinguer dans un torrent d'halètements de plus en plus hystériques. A la fin, elle fondit littéralement sous moi, décomposée par l'émotion, et nous restâmes longtemps sans bouger, jusqu'à ce qu'elle se lève lentement et disparaisse en silence, submergée par l'indicible aveu qui se lisait sur tout son être. Je ne trouvai mot à dire, appréhendant vaguement que nous venions d'ouvrir quelque boîte de Pandore.

*

* *

– L'enfance d'Ophélie ? Vous y venez enfin.

Valentin et moi déambulions sur les magnifiques remparts de la citadelle bâtie par Vauban. Ou plutôt "relookée" par le grand architecte, car le site avait précédemment vu s'ériger un fort, un château, une forteresse.

Oubliettes et cachots, poudrières et arsenal, bastions et casemates, courtines et chemins de rondes. De célèbres captifs mêlés à l'affaire des Poisons ou à l'épopée de Cadoudal. Et puis cette vue panoramique extraordinaire sur les côtes de l'île, depuis une aire couverte de canons. Je m'étais envolé vers le passé, les heurs et malheurs des contemporains de Louis XIV, ces débarquements hollandais et anglais qui avaient imprimé de cruelles pages d'histoire. Jusqu'à ce qu'ayant vu un enfant attraper un lézard par la queue, j'en revins au souvenir d'Ophélie et osai interpeller mon compagnon.

– C'est une histoire assez sordide, commença Lorgues. Au départ de notre vie, il y a la mort du père, que tout le monde regrettait et admirait. Sauf notre mère, qui se jeta dans une sarabande d'aventures sans lendemain, avant de se fixer avec un gendarme. Nous espérions retrouver une existence normale, mais ce fut le contraire. Mon beau-père était une crapule, à laquelle son statut et ses relations interlopes donnaient l'illusion de l'impunité. Une nuit, réveillé par des gémissements, j'ai allumé ma lampe de chevet et découvert mon beau-père couché sur Ophélie. Je vous passe les détails. Elle avait 12 ans et moi 9. Notre mère n'a rien voulu savoir. A qui, comment en parler ? On s'est coupés du reste du monde, insensible à nos appels maladroits. Ophélie s'est mise à fuguer. Notre mère ne lui pardonnait ni d'attirer *son* homme, ni de le repousser. Pour échapper à l'enfer, ma sœur a fait ce qu'il fallait pour se retrouver en maison de correction. Puis, à 18 ans, elle a pris la clé des champs, et je n'ai plus eu la moindre nouvelle, jusqu'à ce coup de téléphone qui m'a appris qu'elle avait refait sa vie dans un autre pays. Avec courage et brio. Durant toutes ces années, elle avait gardé un œil sur moi, en recourant à des détectives, sans parvenir à renouer une relation inscrite dans un passé trop douloureux. Voilà un récit d'une banalité confondante, en comparaison de ce qu'on lit dans la presse, mais c'est notre histoire, celle qu'Ophélie s'est évertuée à dépasser.

*
* *

Les deux jours qui suivirent passèrent en un éclair. Patricia nous emmena à la découverte des curiosités de l'île : le fortin de Sarah Bernhardt, le Grand Phare de Bangor, les menhirs Jean et Jeanne, enfin et surtout les merveilles de la « Côte sauvage » : des centaines de plages enserrées entre de somptueuses falaises, des criques, des anses et des aiguilles rocheuses battues par les vagues...

Quand Valentin et moi nous retrouvions seuls, nous parlions à n'en plus finir d'Ophélie, reconstituant le puzzle d'une vie, et cette entreprise m'amena à envisager Lorgues sous un jour plus humain, sinon familial, quoique ma méfiance subsistât, mais apprivoisée. Quant à Nadège, elle se faisait discrète, et j'étais trop occupé pour me compliquer l'existence.

Puis vint le coup de téléphone qui nous confirma le retour de Camille Berthier. Une demi-heure plus tard, nous étions aux « Menhirs ».

*
* *

– Camille !

– Monsieur Sauterre ? Mais... Que faites-vous ici ? Je ne veux pas vous parler.

Agenouillée à l'entrée de la grotte, Berthier n'avait pas changé. Elle était toujours ce gnome flasque et boutonneux, aux cheveux courts filasse, quinquagénaire rance vouée à la chasteté. Son attachement profond pour Ophélie, les drames de sa vie, ses actions humanitaires, tout aurait dû m'inspirer de la sympathie, mais je ne pouvais me défaire d'une aversion spontanée. Cette répulsion stigmatisait-elle les limites d'un homme prisonnier des artifices de la beauté ou, au contraire, soulignait-elle une perception lucide dégagée des apparences ?

*
* *

A notre approche, Camille s'était levée, effrayée, et, déjà, elle s'éloignait, quand le Guide intervint.

– Camille, tu n'as rien à craindre. Te défierais-tu de moi ?

Le crapaud se figea, hésitant, puis il se retourna lentement et revint sur ses pas.

– Je réponds de ces hommes, déclara Grelot d'un ton impérieux. Leur cœur est pur, et il ne dépend peut-être que de toi d'assurer leur salut.

– Ophélie nous envoie, intervins-je, car son frère, que voici, possède lui aussi le don de dialoguer avec les esprits.

– Son frère ?

– Je t'expliquerai. Il a *vu* la mort de sa sœur : elle a été assassinée.

– Je m'en doutais, balbutia l'illuminée. C'est pour cela que je me suis cachée. Je n'ai même pas osé aller à son enterrement.

– Moi non plus, coupa Lorgues, et c'est ce qu'elle voulait. Nous avons, tu as une mission, Camille.

– Je te l'avais révélé, s'extasia le père Célestin, quand tu m'as tout raconté. Alors, vas-y, parle, ma fille. Tu détiens la clé de la résistance à l'Abjection absolue !

Camille a ouvert la bouche, prête à révéler ce que nous étions venus chercher.

*

* *

– Ophélie m'avait demandé de l'accompagner à une soirée consacrée à l'ésotérisme. J'étais heureuse d'être dans son sillage. Invisible, trop intimidée pour souhaiter être présentée à quiconque. Et il y avait du beau monde ce soir-là, et même un peu trop. Des dizaines et des dizaines d'"huiles", hommes d'affaires, diplomates et j'en passe, tous passionnés par les phénomènes paranormaux, l'occultisme. Les coupes de champagne et les bons mots s'entrechoquaient dans un vrombissement assourdissant, par-delà les mets raffinés, les anecdotes savoureuses. Puis notre amphitryon avait réclamé le silence, annonçant la surprise du chef : une démonstration des capacités extrasensorielles par le plus accompli des médiums bruxellois. Ophélie, que j'avais perdue de vue depuis quelques minutes, était réapparue au côté de notre hôte, sous un tonnerre d'applaudissements. On lui avait présenté cinq enveloppes cachetées...

– Le test le plus pertinent, observa Lorgues à notre attention. Quand il s'agit de décrire ce qui se trouve dans un portefeuille, de deviner des éléments de vie d'un patient, certains réduisent la performance à de la télépathie, mais là il n'en est plus question, personne ne sachant à qui appartient ce qui est contenu dans tel ou tel pli.

– En l'occurrence, reprit Camille, c'était l'anniversaire du styliste et, à notre arrivée, on nous avait soumis un livre d'or. Apparemment, l'intention était ailleurs, puisqu'on y avait découpé cinq bandelettes au hasard, correspondant aux écritures signées de cinq invités. Et voilà Ophélie face au test. La salle retient son souffle, à la fois excitée et embarrassée par le procédé. Les lumières s'éteignent, pour se limiter à quelques chandelles. Elle commence à palper la première enveloppe et s'attaque à la personnalité, à la vie du cobaye. D'abord, des images furtives, puis les informations fusent, et un invité, vivement impressionné, arrête la démonstration, soulignant avec humour qu'il souhaite garder un peu d'intimité. On décachette la lettre ; il reconnaît son mot et présente sa signature à son voisinage. Enthousiasme des mondains, nouveaux applaudissements. Ophélie s'empare d'un deuxième pli et entame une approche conventionnelle. Mais soudain elle se fige, les yeux exorbités, et la voix se fait hésitante. « Je vois une basilique romaine, chevrote-t-elle. Du sang, beaucoup... La destruction... partout ! Rome brûle ! Je vois... un personnage sombre... sans contours... venu du fond des âges... On en a beaucoup parlé... des historiens... Je vois des fils... des marionnettes... Des têtes qui tombent... par centaines ! Je vois plusieurs noms... des visages... Des hommes qui boivent... dans un crâne ! Un géant... qui veut en savoir plus... L'Italie... Mais il y a autre chose... Je me rapproche... Un halo de fumée m'obscurcit la vue... C'est noir ! Une silhouette... inquiétante... très inquiétante... Je... je ne peux pas aller plus loin... Des forces s'opposent ! Noir, noir ! J'ai peur... A l'aide ! » Et Ophélie s'est évanouie. Nous n'osions plus esquisser le moindre geste, comme si nous avions risqué d'être changés en statues de sel... Puis nous avons repris nos esprits, Ophélie a été réanimée et notre hôte a fait diversion en évoquant les labyrinthes interdits dans lesquels les voyants s'égaraient parfois. Avant d'éclater de rire, annonçant qu'il s'agissait d'une mise en scène destinée à nous donner le grand frisson. Mais plus tard, Ophélie m'a confirmé ce que je supposais, en me faisant jurer le silence : sa vision n'était pas préméditée. Nous avons tenté de mettre la main sur les lettres cachetées mais celles-ci avaient disparu.

– Comme par hasard, murmura Lorgues livide.

– Vous connaissez la suite. Ophélie, très ébranlée, qui espère oublier à Venise. Sa mort, dès son retour. Le décès de notre amphitryon. Et moi qui ai deviné de quoi il retournait...

– Deviné ? balbutiai-je.

– L'Antéchrist ! L'Apocalypse ! hurla la boule de chair informe.

*

* *

Il y a des gens qu'on côtoie depuis des années et dont on s'éloigne sans regret. Et d'autres, effleurés, qui vous laissent orphelins. N'est-ce pas là, plus que dans le rire cher à Bergson, que réside la spécificité de l'être humain ?

Nos adieux à Belle-Ile furent émouvants, et nous dûmes promettre à Patricia et Nadège de ne pas les laisser longtemps sans nouvelles.

Alors qu'accoudés au bastingage de l'*Acadie*, nous jetions un dernier regard aux murailles de la citadelle, Lorgues se tourna vers moi.

– Au contraire de ce vaisseau, nous allons filer grand large.

– Que voulez-vous dire ?

– Jusqu'à présent, nous avons fait du cabotage. La terre ferme n'était jamais loin, mais là j'appréhende...

Lorgues se tut, tourmenté.

– Vous prenez les élucubrations de Camille au sérieux ?

– D'Ophélie, corrigea-t-il irrité, alors que nous abordions pour la première fois l'« après-Berthier ». J'admets votre scepticisme de principe, Sauterre, mais comment expliquez-vous que nos visions, ou nos hallucinations si vous préférez, se recoupent à ce point ?

– Comme les deux pièces d'un même puzzle. Oui, c'est troublant, avouai-je en laissant tomber les yeux dans l'immensité océane. N'empêche, j'ai pris des notes et réfléchi depuis notre départ des Menhirs, ce matin. Et j'ai beau retourner le problème sous tous ses angles, je ne vois pas comment nous pourrions exploiter des informations aussi nébuleuses.

– Vous avez pourtant plié bagage.

– Jouer aux touristes en goguette ? Après ça ?

– Vous comptez regagner Paris ?

– Vous avez autre chose à proposer ?

– Il nous reste un atout. Moi, mes capacités médiumniques.

– S'il vous suffisait de téléphoner à la centrale des esprits, qu'avons-nous été chercher à Bruxelles et à Belle-Ile ?

– La clairvoyance n'est pas si simple, surtout dans une affaire où tout paraît scellé. Mais si l'on me met en contact direct avec les éléments de l'énigme...

Je méditai un instant et compris que Paris ne serait qu'une simple halte.

– J'ai déjà visité Rome, lâchai-je d'un air faussement blasé, il y a une dizaine d'années. Ce fut le plus beau voyage de ma vie.

– Il n'y a pas d'éternel retour, hélas.

– Amen.

CHAPITRE SEPTIÈME

De Rome, Rome est l'unique monument...
(STENDHAL)

ROME. Nous y sommes arrivés en début d'après-midi. *Piazza dei Cinquecento,* au sortir de la stazione Termini, l'émotion m'a submergé. Et il ne s'agit pas d'un cliché enduit de fatuité. Non, je me retrouvais dix ans en arrière, plongé dans ce qui avait été l'un des moments les plus intenses, les plus extatiques de ma vie : mon premier grand voyage avec Laure, celle dont j'avais longtemps cru, et dont je croyais parfois encore, qu'elle serait la femme de ma vie.

Je me suis tourné vers Valentin et ma rêverie s'est dissipée : il était livide, crispé.

– Je ne sais pas ce qu'il m'arrive, bredouilla-t-il. Peut-être le contrecoup de nos voyages...

– Vous voulez voir un médecin ?

– Ce n'est pas à ce point, souffla-t-il en s'évertuant à sourire. Mais tâchons de dégotter rapidement une chambre.

– Rien de plus simple. Dans ce quartier, les pensions pullulent.

Via Principe Amadeo, nous avons trouvé une chambre qui faisait l'affaire. Modeste mais propre, elle n'avait pas de salle de bain, et je dus recourir aux douches communes, ce qui me rappelait mes années au campus ou mon service militaire. Rafraîchi, je décidai de me balader en ville tandis que Valentin récupérerait.

En quelques enjambées, je gagnai la *piazza della Repubblica,* où je consultai le plan reçu à l'Office du tourisme de la gare centrale. Je retrouvai les noms de rues, de sites, d'églises ou de villas avec un émerveillement sans égal. Chaque segment de la carte me paraissait un royaume de souvenirs et d'émotions, comme un *claim* susceptible d'apaiser les plus insatiables ruées vers l'or. Prenez la via Cola di Rienzo, au nord-est du Vatican, a priori l'une des moins suggestives. Pour moi, elle avait un goût de madeleine proustienne, et je me revoyais à seize ans, découvrant l'épopée du héros médiéval dans les BD de Chaillet ou l'opéra *Rienzi*, une œuvre mineure de Wagner qui constituait ma première rencontre avec l'art lyrique. Juste en-dessous, il y avait le Castel San Angelo, mon *château d'if* à moi, la forteresse pontificale où la papesse Fausta, captive de Sixte Quint, avait mis au monde le fils de Pardaillan. Un rien plus bas, la via delle Botteghe Oscure, qui avait inspiré le beau roman de Patrick Modiano. Oui, j'étais dans le Klondike de la culture.

Mais que m'arrivait-il ? J'étais à Rome pour une enquête aux limites du réel, obéissant à des pulsions que je ne contrôlais plus. Espérions-nous vraiment démêler l'écheveau d'une mort nimbée de mystère, ou s'agissait-il d'un subterfuge de l'inconscient ? Peut-être tentions-nous désespérément de redessiner les contours de l'absente, de la ramener parmi nous ou d'en saisir la trace fugace. Nous étions là pour Ophélie, mais Laure, mes lectures, tout ce qui avait un jour compté pour moi s'inscrivait dans les pierres qui m'entouraient. Rome résumait-elle ma vie, toute vie ?

*
* *

Après quelques heures passées à flâner sur les pentes illustres du Capitole et du Palatin, au cœur d'un des plus impressionnants champs de ruines du monde, j'ai regagné notre pension. Valentin-Etienne allait mieux et bouquinait avec une application de bachelier. Nous avons décidé d'élaborer notre plan de bataille.

– A mon avis, les choses sont claires, commençai-je. Saint-Pierre s'impose comme notre premier rendez-vous.

– Peut-être.

– Pour le reste, allons du plus proche au plus éloigné, de Sainte-Marie-Majeure à Saint-Jean-de-Latran, pour finir par Saint-Paul-hors-les-Murs qui, comme son nom l'indique... Enfin, on se focalise sur les quatre basiliques chrétiennes alors que ma promenade dans le Forum m'a rappelé qu'il y en avait de plus anciennes.

– C'est plus compliqué encore, grimaça Lorgues. A en croire notre documentation, le terme basilique s'attache à la forme de l'édifice plutôt qu'à son importance. En fait, il y aurait ici quatre types d'églises. Certaines sont arrondies, comme le Panthéon, un ancien temple de Jupiter. D'autres épousent l'allure d'une croix, tantôt grecque, quand les quatre bras sont d'égale longueur ; tantôt latine, quand l'un d'entre eux s'avère plus allongé. A l'image d'un crucifix. Quant à la basilique, il s'agit d'une construction rectangulaire dont l'un des petits côtés, face à l'entrée, se prolonge en demi-cercle. Notez que Saint-Pierre, qui n'est plus une basilique mais une croix latine, a conservé une appellation accolée à l'église d'origine.

– Bravo pour la leçon, mais ne me dites pas qu'il y a des dizaines de basiliques à visiter !

– Il suffit d'en ajouter trois à notre liste.

– Ça reste raisonnable, soupirai-je.

– On se met au travail dès demain. Mais pour l'heure j'irais volontiers savourer des pâtes.

– Du moment qu'elles n'affichent pas la forme d'une basilique !

*
* *

Nous nous étions levés de bonne heure, souhaitant être les premiers visiteurs à pénétrer dans Saint-Pierre. En remontant la via della Conciliazione, bordée de ses réverbères en forme d'obélisques, la perspective et l'harmonie générale me paraissaient les valeurs suprêmes de l'esthétique, une passerelle vers la transcendance. J'enviais ces architectes, ces concepteurs urbains de génie qui ont façonné Paris ou Rome, leur conférant ce supplément d'âme que j'avais vainement cherché à Bruxelles.

Devant nous, le cœur de la chrétienté, sinon de l'Occident, nous tendait les bras. J'appréhendais l'étreinte, persuadé que les prochaines heures seraient décisives. Car, en mon for intérieur, je ne doutais guère de l'identité de la basilique romaine évoquée par Camille ou Ophélie. Déduction logique ou présomption ? Un sentiment vague, parce qu'il s'arrêtait en deçà de l'événement, embarrassé par l'imagination de sa nature ou de ses conséquences.

Pressés d'en découdre, nous avons traversé la *piazza San Pietro* sans nous arrêter. Mais nos pas silencieux permettaient l'émerveillement. A partir de cet instant, nous savions que chaque regard ramènerait dans ses rets une anthologie de l'art humain. Ici, mes convictions philosophiques ou morales suspendaient leur vol rebelle, je devenais sourd aux revendications classiques de la discrétion et de la mesure, dont je ne sais si elles reflètent l'équilibre ou l'ennui.

J'étais Perceval face au Graal, Cortès découvrant l'Eldorado ou Cibola, Colomb les Antilles. Instant privilégié que celui où l'on visite ses fantasmes.

– Méchante façade, lâcha Lorgues alors que nous montions l'escalier qui mène à la basilique.

– Je vous le concède, fis-je vexé, mais ce qui frappe ici, c'est la majesté d'ensemble, ce mélange de puissance et de naturel qui...

– On en oublierait les conditions dans lesquelles la merveille fut bâtie.

– C'est-à-dire ?

– Les fonds ont été générés par l'odieux trafic des indulgences, non ? Une même origine pour Saint-Pierre et le schisme protestant, c'est amusant, et presque réconfortant.

– Laissez votre éthique au vestiaire, et profitez du spectacle. Ces colonnades du Bernin, ces touches de l'obélisque et des fontaines, qui relèvent l'ensemble sans en amollir la dignité.

– Génial, évidemment. Mais la tête du Christ s'il découvrait Saint-Pierre !

– Vous êtes incurable.

*
* *

Nous avons franchi le seuil de l'église sous l'œil ahuri des huissiers. Il était à peine sept heures.

Le porche. Sur la droite, une statue de Constantin, cet empereur romain dont la conversion a bouleversé l'histoire du monde. En 324, il a commencé l'édification de la basilique primitive sur le site du Cirque de Néron, là où le chef des apôtres aurait été supplicié.

Sur la gauche, derrière une grille, nous apercevons la statue équestre de Charlemagne. Son père, Pépin le Bref, a sauvé les Etats italiens envahis par les Lombards puis, au lieu de les restituer à un empereur byzantin déficient, ils les a offerts à la Sainte Eglise de Dieu. De là le pouvoir temporel des papes, les Etats Pontificaux et leurs rapports privilégiés avec la France, la « fille aînée de l'Eglise ».

Au centre, une mosaïque de Giotto, qui a survécu aux pillages des barbares d'Alaric et Totila, aux Sarrasins. Elle décorait l'atrium primitif avant d'intégrer la nouvelle basilique, mise en chantier à partir du 18 avril 1506.

Les portes, majestueuses, dont l'une ne peut être ouverte et fermée que par le seul « Vicaire du Christ », à l'occasion de l'Année Sainte, soit une fois tous les vingt-cinq ans.

Nous voilà à l'intérieur.

– C'est Brobdingnag ! s'exclame Valentin.

De fait, tout ici est œuvre de titans, comme dans les plus fameuses constructions pharaoniques. Une longueur de 211 mètres, 450 statues, 500 colonnes et 50 autels, un espace qui peut contenir 60.000 fidèles. La première impression foudroie, nous renvoyant à l'insignifiance de notre condition.

– Ça dépasse l'entendement humain, et ce n'est pourtant qu'une suite de petits pas accomplis par nos semblables.

– Nos semblables ? Bramante, Raphaël, Michel-Ange, Le Bernin ?

– Il vaut mieux placer la barre à quelque hauteur, plaisantai-je. Comme disait Cézanne, « celui qui n'a pas le goût de l'absolu se contente d'une médiocrité tranquille ».

– Vous avez raison. C'est ce que les esprits plats et bornés ne conçoivent pas : l'ambition n'exclut pas l'humilité, mais la cultive à bon escient.

A l'entrée de la nef principale, un disque de porphyre se détache du pavement. C'est sur celui-ci que Charlemagne s'agenouilla certain Noël 800 pour recevoir l'investiture impériale.

Désormais, nous avançons lentement, tentant de nous emplir de chaque détail, ce qui est aussi aisé à accomplir qu'une partie de football au sommet de l'Everest. Les chapelles et les monuments funéraires se mettent à défiler, dévoilant des perfections qui nous laissent pantois : la *Pieta* de Michel-Ange, le *Clément XIII* de Canova.

Après avoir longé le côté droit de la basilique, nous atteignons l'abside, exténués déjà, et c'est un nouveau raz-de-marée de grandeur et d'art. Au centre, la Chaire de Saint-Pierre, un trône de bronze supporté par quatre statues de près de 5 mètres. L'un des points d'orgue de la carrière du Bernin.

Malgré l'ivresse qui m'étourdit les sens, j'observe régulièrement Valentin, guettant ses réactions, prêt à enclencher notre enregistreur miniature. Je ne crois ni en Dieu ni en la voyance, mais je songe qu'ici un miracle, une révélation seraient moins incongrus.

Nous nous sommes retournés vers le cœur de la basilique, et c'est un éblouissement. Notre regard, comme un lierre, a épousé le mouvement de colonnes torses, et nous voilà au sommet d'un baldaquin de bronze, qui culmine à 29 mètres. Sous l'ouvrage du Bernin, un autel, celui où le pape seul peut célébrer l'office, et la confession qui renferme le tombeau du premier évêque de Rome.

Nous relevons péniblement nos yeux lestés de trop d'images, les élançant dans un ultime effort vers un abysse inversé, la merveille des merveilles, la coupole de Saint-Pierre, dont la basilique entière constitue l'écrin. Si j'étais chrétien, et tout Occidental l'est un peu, j'y sentirais l'haleine de Dieu et mon âme, aspirée par son souffle, tenterait d'en remonter la source.

Cette fois, je suis définitivement assommé, incapable d'en voir davantage. Alors, je me contente de rester dans le sillage de Valentin, jusqu'à ce qu'à son tour il cède, rompu par la satiété.

*

* *

Nous sommes restés assis durant un quart d'heure, sans échanger la moindre parole. Nous avions fait le tour de la basilique et rien ne s'était produit. Il était un peu plus de neuf heures, et les touristes commençaient à affluer.

– Il nous reste les parties souterraines et supérieures de l'édifice. Elles doivent être accessibles à présent.

– Allons-y, fis-je ragaillardi.

Nous avons regagné la croisée des transepts, cherchant l'accès des Grottes vaticanes au pied d'un des piliers qui soutiennent la coupole. C'est là, sous la basilique actuelle, que se trouvent les tombes des papes, mais aussi divers vestiges de l'église primitive. Ensuite, nous sommes remontés à la surface, avant de replonger dans d'autres espaces souterrains, ceux des fouilles entreprises depuis 1939, quand Pie XII s'attachait à prouver la véracité des traditions relatives à saint Pierre. Objectif atteint, selon les autorités vaticanes, qui estiment avoir mis à jour la tombe du grand ancêtre.

Restait l'ascension au sommet de la basilique. Nous avons préféré les pieds à l'ascenseur, que nous estimions aseptisé et déplacé. Nous avons d'abord atteint une grande terrasse située au pied de la coupole, qui offrait de splendides points de vue sur la ville et l'édifice. La deuxième étape nous a ramenés à l'intérieur, dans une galerie circulaire surplombant la nef. J'avais le souffle coupé, partagé entre l'émerveillement et la peur du vide. Nous avons repris notre ascension jusqu'à une nouvelle terrasse entourant le lanternon. Là, 120 mètres au-dessus de la place Saint-Pierre, nous dominions le Vatican et Rome tout entière. Nous touchions au Nirvana du touriste.

– Dommage, fit Lorgues après quelques minutes en dehors des contingences du moment.

– Il y a d'autres basiliques, soupirai-je.

*
* *

Après cinq heures passées à explorer les coins et recoins de Saint-Pierre, nous n'avions plus le courage d'entreprendre les musées ou les jardins vaticans. A la Chapelle Sixtine et aux *stanze* de Raphaël, nous préférions une bouteille des Castelli et quelques kilos de *fettucine*. Nous les avons trouvés aux alentours de la *piazza Navona,* avant d'examiner la suite des opérations. Malgré la déception, nous avions accumulé trop de sensations agréables pour verser dans la sinistrose. D'ailleurs, l'essentiel était d'épuiser les éléments dont nous disposions, voire d'explorer nos limites. Quant aux résultats, qu'il y eût loin de la coupe aux lèvres, nous n'y pouvions rien. Avait-on jamais résolu une enquête à partir de données extrasensorielles ?

CHAPITRE HUITIÈME

Ce qu'il faut être, pour être présent, c'est contemporain du futur. Et le lointain passé peut être perçu lui-même comme un ressac du futur. (L. PAUWELS et J. BERGIER, *Le matin des magiciens*)

LE SOUFFLÉ était retombé. Soit. Nous n'en comptions pas moins mener nos investigations jusqu'au bout. Cet après-midi-là, nous nous promenâmes sur les sites du Forum romain et du Palatin, passant en revue les basiliques qui avaient précédé le triomphe du christianisme.

Le lendemain matin, nous étions devant Sainte-Marie-Majeure qui, à l'égal de ses consœurs Saint-Jean et Saint-Paul, jouit du statut particulier d'extraterritorialité, comme une pièce éloignée du puzzle vatican. Nous étions encore sous le coup de nos émerveillements de la veille et sans doute notre perception globale du bel édifice en pâlit-elle. A peine m'attardai-je auprès d'une pierre tombale dévolue à la famille du Bernin, cet artiste auquel Rome et moi devions tant. Que savait-on de sa vie ? Les documents manquaient-ils ? Quel était ce monde dans lequel Hitler, César ou Bonaparte nous étaient plus familiers qu'un Bernin ou un Botticelli ?

La morosité nous gagnait, mais nous décidâmes de marcher droit devant nous pour rejoindre Santa Croce in Gerusalemme. Là s'élevait jadis le palais de l'impératrice Hélène, la mère de Constantin, qui avait ramené d'un pèlerinage à Jérusalem un morceau de la Vraie Croix. Une chapelle abrite d'ailleurs des reliques de la Passion : un clou et deux épines, des fragments de la colonne de la Flagellation et de la Sainte Croix, l'inscription qui surmontait celle-ci, un bras de la croix du bon larron. Il y a aussi un doigt de saint Thomas, des morceaux de la grotte de Bethléem et du Saint Sépulcre. Bref, de quoi mouiller les yeux des milliers de pèlerins qui défilent chaque année.

– Il y aurait matière à occuper vos collègues ! ai-je risqué.

– Ce serait passionnant, et peut-être surprenant. Mais je préfère m'abstenir. Trop dangereux.

– Et que pensez-vous de ces pratiques fétichistes ?

– Nihil novi sub sole. Le christianisme est une religion à plusieurs vitesses, comme tant d'autres. A l'époque pharaonique, les mystères étaient réservés à une élite, tandis que le peuple en restait aux amulettes et à des fêtes dignes de nos carnavals.

– Je vous citerai : « La tête du Christ s'il »...

– De toute manière, le catholicisme a rompu le lien ombilical qui le reliait au véritable christianisme. Songez au sort réservé durant deux millénaires au peuple des Ecritures. Un comble, non ? Mépriser, martyriser les descendants d'Abraham et Moïse. Pire : ceux de Joseph et Marie, puisque Jésus eut des frères et des sœurs.

– Que l'Eglise de Rome a transformés pudiquement en cousins. Mais dites donc, Lorgues, nous avons pas mal d'idées et d'intérêts en commun. Je finirai par vous inviter à mes anniversaires.

– Je l'avais dit à nos belles hôtesses de Bretagne.

– Pour revenir aux trahisons de l'Eglise romaine : l'Inquisition, le soutien des régimes en place, le poids des institutions, l'enrichissement forcené du Vatican...

– Malheureux les pauvres. Ne quittez surtout pas vos familles.

– La rupture avec le judaïsme auquel se référait Jésus, consommée par saint Paul. La béatification des dieux celtes, de Jeanne d'Arc, de Charlemagne ou de Balaguer, le fondateur de l'Opus Dei, occulte et élitiste, donc antichrétien.

– Alors que des prêtres du calibre de Las Casas ou Romero, ces héroïques défenseurs des opprimés, attendent toujours.

*

* *

Ce jour-là, à défaut de nourrir des illusions, nous étions entreprenants. Aussi avions-nous pris de quoi pique-niquer, ce qui nous permit de nous diriger de San Croce vers San Giovanni. Du saucisson et du fromage, un peu de pain et une bouteille de rouge, le tout dégusté à l'ombre de l'enceinte aurélienne qui avait entouré la Ville éternelle à partir du IIIe siècle.

Nous étions déjà dans le Latran, un quartier où s'étaient écrites d'importantes pages d'histoire. Il y a 2000 ans, c'était encore le domaine des Laterani, une riche famille romaine. Puis Constantin en avait fait don aux papes, qui y avaient résidé durant un millénaire, jusqu'à leur exil en Avignon. Après la parenthèse provençale, le palais des papes avait été détruit par un incendie, et le cœur de l'Eglise s'était déplacé au Vatican, où il battait toujours aujourd'hui.

Le Latran, c'est une sorte de saint complexe ramassé autour de la *piazza di san Giovanni* et de son bel obélisque égyptien. Un baptistère et une basilique, un palais qui a vu la signature des accords scellant la fin des Etats Pontificaux et la naissance de celui du Vatican. Des vestiges de l'ancien édifice, enfin, dont la Scala sancta, présentée comme l'escalier emprunté par le Christ dans la demeure de Pilate, que les fidèles gravissent à genoux. Au sommet, la chapelle des papes, Sancta sanctorum, abrite de précieuses reliques et cette icône du Christ qui aurait été, dit-on, peinte par la main d'un ange.

Nous voici face à la cathédrale de Rome, la « Mère et Tête de toutes les Eglises de la Ville et du Monde ». Dès l'abord, la façade nous interpelle avec, à son sommet, ces troupeaux de saints entourant le Christ et les deux Jean, le Baptiste et l'Evangéliste. Sous le porche, une grande statue de Constantin, l'empereur qui a transmis le flambeau des Césars aux Vicaires du Christ. Sans lui, que serait devenue l'*Urbs* par excellence ? Serait-elle seulement une seconde Athènes, à défaut de rivaliser avec Paris ?

A l'intérieur, des nefs grandioses agencées par Borromini, mais nous ne traînons pas, notre seuil de satiété artistique depuis longtemps franchi. Nous retrouvons notre fraîcheur d'émotion en pénétrant dans le cloître, une oasis de délicatesse. Je me souviens de la prédilection de Laure pour ces lieux propices à la rêverie. Je la revois devant les colonnes torsadées, couvant d'un regard émerveillé le jardinet et son charmant puits médiéval.

– Si vous le souhaitez, soupire Lorgues, on peut s'accorder une journée à Ostia ou Tivoli.

– Soit. Mais à présent ?

– Je propose de regagner la pension. On prend une douche, on bouquine un peu et on passe la soirée dans le Trastevere. J'ai étudié la carte des trattorias et...

– Valentin, je vous regrette déjà.

*

* *

Le lendemain matin, le réveil n'a pas sonné. Ou on ne l'a pas entendu, cuvant nos basiliques et nos litres de Frascati. Mais, une fois levés, nous ne parlions plus d'excursions lointaines mais de Saint-Paul, désireux d'en finir avec la pression qui pesait sur nos épaules. D'après nos guides, une heure suffirait à la visite. Après, nous remonterions vers l'île tibérine et le Trastevere pour Santa Maria, avant de traverser Rome de part en part : derrière la stazione Termini, San Lorenzo conclurait l'épopée. Le plus dur était derrière nous mais, après les moments de saturation vécus la veille, nous en venions à le regretter. Car au-delà, le vide nous tomberait dessus, et je devinais qu'il me serait difficile de retrouver le fil de mon Colomb.

*

* *

Vers neuf heures, nous franchissions le seuil de San Paolo fuori le Mura, la dernière des quatre basiliques majeures figurant à notre programme. Un sanctuaire fondé sur la tombe de l'auteur des *Epîtres.* A l'initiative de Constantin, vous l'aurez deviné. Jusqu'à l'avènement du nouveau Saint-Pierre, soit pendant plus de 1000 ans, Saint-Paul avait peut-être été la plus belle église d'Italie. Pourtant, nous n'en attendions pas grand-chose, pour la triste raison qu'un incendie avait dévasté la merveille au XIXe siècle. Et si le plan original avait été conservé, nous savions qu'il ne restait rien des nefs primitives.

Nous avons traversé un grand atrium bordé de galeries

à colonnades, jetant un regard peu appuyé aux statues des saints Luc et Paul. Mais, la porte principale franchie, nous demeurons pétrifiés. Devant nous, cinq nefs séparées par quatre-vingts monolithes, une forêt de granit qui m'en rappelle d'autres, entrevues à Karnak, Edfou ou Séville, au hasard de mes lectures.

Apercevant le ciborium d'Arnolfo di Cambio, je me dirige vers le transept, dans un transport de félicité. Mais en traversant la nef centrale, je lève la tête et découvre un plafond à caissons blanc et or qui dissipe mon extase. Je me retourne vers Lorgues pour lui communiquer mon dépit et l'aperçois quelques mètres en arrière, et il me semble qu'il tremble, qu'il vacille. Que se passe-til ? Je me précipite pour le soutenir, me rappelle son précédent malaise. Je vais crier, demander de l'aide aux touristes, peu nombreux encore, qui déambulent dans les nefs adjacentes. Mais Valentin entrouvre la bouche, il va parler. Ses yeux dilatés s'accrochent à quelque toile invisible par-dessus nous, et je devine l'effort du nageur qui brasse à contre-courant en direction de la source. Aurait-il une vision ? Fébrile, j'enclenche notre enregistreur.

– Regardez, Sauterre, ces portraits en mosaïque... Là, au-dessus des colonnes... Ce sont les papes... Tous les papes... De Pierre à Jean-Paul II... Et puis ces niches vides... La première... J'y vois une grande olive mauve... Mon Dieu, des flots de sang jaillissent de la niche... Un torrent poisseux qui emporte l'olive, qui coule, coule, coule... Le sang se répand partout. Je vois une tiare écrasée, une crosse brisée... Des murs se lézardent, des palais, des églises sont emportés par le feu... Je vois le Tibre qui charrie de la lave et des morts... Je vois un homme qui renverse des échoppes et crie la colère d'un autre... C'est étrange. On dirait qu'il est à la fois mort et vivant. C'est-à-dire qu'on le croyait mort depuis longtemps. Des millénaires. Il est immensément célèbre et inconnu... C'était une lumière, mais dans l'ombre d'une force plus grande encore. Je vois des salles basses et sombres. Des silhouettes masquées qui se concertent, la tête dans les étoiles, la main dans la fange et le sang.

Une ombre plus épaisse... Un nom que je ne puis entendre, mais qui me semble issu des profondeurs de l'histoire. Je n'arrive pas à le sentir. C'est comme une masse informe où se mêlent ténèbres et lumières, des idéaux et des scandales, d'hallucinants mensonges... Je vois une fumée blanche qui devient pourpre. Je vois des visages de femmes ; j'entends leur chant de sirènes. La beauté absolue au sein de la laideur.

Je vois des cérémonies étranges qui remontent à la surface du réel, issues de mondes oubliés. Des fils et des marionnettes, un confessionnal obscur et froid, où l'on meurt d'en savoir trop... J'entends des incantations... Du latin ou je ne sais quelle langue antique... Un parfum de Carmina Burana... Des mots dont je perçois le sens. Antéchrist et Apocalypse ! Vé... *Vémard le géant tout abandonna pour courir après l'Egyptien qui ainsi se doit près de la république disparut déjà mort une fois aux côtés d'Hadrien...* Mon Dieu, je vois Ophélie... effrayée. L'ombre immense qui la recouvre sans qu'elle lutte... Ces mains gantées de noir... Non, ça suffit. J'arrête.

Lorgues a rejeté la tête en arrière. Quand il a rouvert les yeux, il paraissait exténué et bouleversé, au bord de l'évanouissement ou des larmes. Autour de nous, quelques badauds nous jetaient des regards maculés de surprise, de suspicion. Un homme nous observait différemment, adossé contre une colonne proche, mordillant une pipe éteinte, le sourcil arqué, l'œil vif et méditatif. Soixante ans, la barbe et la brosse poivre et sel, petit et trapu.

– Je ne voudrais pas me mêler de ce qui ne me regarde pas, messieurs, a-t-il commencé en faisant un pas dans notre direction, mais j'ai entendu vos propos. Dois-je comprendre que vous venez d'avoir une vision ?

L'homme à la pipe parlait un français impeccable, teinté d'un délicieux accent italien. Nous le dévisagions interloqués, embarrassés par son intrusion.

– Je me présente. Antonino Andreani, professeur d'histoire à la retraite. Autant vous le dire, je suis un rationaliste pur et dur, athée, agnostique et *tutti quanti*. Mais vous m'avez troublé, je dois l'admettre. Vous aviez l'air si... Et je m'y connais, en acteurs : ma femme, Monica, s'occupe d'une troupe de comédiens amateurs ; moi-même, il paraît que je jouais littéralement mes cours... Mais je reviens à ma question : était-ce donc une vision ?

Le petit homme s'exprimait avec des gestes et un ton très appuyés, tenant à la fois de l'adjudant-chef et du chanteur d'opéra, avec une touche finale de Mortimer, le célèbre héros de BD. Autoritaire et débonnaire, il donnait envie de se confier, mais pouvions-nous partager les étranges aspects de notre enquête avec le premier venu ?

– Vous ne croyez en rien, ai-je lâché après un silence à la limite de l'incongruité, et moi non plus. Alors, autant ne pas nous attarder sur cet incident, cher Monsieur.

– Votre discrétion renforce ma perplexité. Mais venez, l'air vous fera le plus grand bien.

Avant même que nous eussions esquissé la moindre riposte, Andreani avait pris Valentin par le bras et le guidait vers le cloître adjacent. A ma grande surprise, mon compagnon de voyage se laissa faire, ce qui me convainquit de l'importance de son abattement.

– Laissons votre ami récupérer et retournons dans la nef, s'il vous plaît.

Médusé par le culot du fâcheux, je regagnai la basilique à sa suite, me demandant à quelle sauce j'allais me faire dévorer.

– Que pensez-vous du monument de Bartolomeo ? s'enquit l'historien en s'arrêtant devant le ciborium de di Cambio.

– De Bartolomeo ? Mais je croyais que...

– Regardez ce petit bonhomme sculpté, là, au-dessus du chapiteau... C'est Bartolomeo, l'abbé qui a commandé ce chef-d'œuvre du gothique. Et sous le maître-autel, cette plaque de marbre...

– La tombe de Paul ?

– Présumée. Elle n'a pas bougé d'un iota depuis le IVe siècle. C'est bien l'une des rares survivances de la première basilique, vous le savez sans doute.

– Oui, je...

– Venez.

Andreani avait fait quelques pas, se positionnant dans la nef principale, à l'emplacement où Lorgues avait eu sa vision.

– Regardez, au-dessus des colonnes, ce sont ces médaillons qui ont perturbé votre ami.

– Apparemment, fis-je en contemplant la longue suite de niches, dans lesquelles se trouvaient incrustés les portraits de tous les papes de la chrétienté.

– Cette nef a été entièrement refaite.

– Je sais.

– Les propos de votre ami... Il a décrit la destruction de Rome ou la fin de l'Eglise. Et ça me rappelle une légende attachée à ces médaillons.

D'un coup, mon exaspération céda la place à la curiosité.

– A en croire les témoignages qui nous sont parvenus, les médaillons d'origine remonteraient au Vᵉ siècle, ou du moins les premiers d'entre eux, et sans doute les niches. Car à un certain moment, une légende s'est mise à circuler : le jour où tous les emplacements seraient occupés, ce serait la fin du Saint-Siège, sinon la fin des temps. En 1823, la rumeur avait enflé, et pour cause : en admirant la suite des portraits pontificaux, les Romains constataient que celui de Pie VII, leur pape, avait investi la dernière place disponible. En juillet, l'inquiétude de la population était à son comble : le Vicaire du Christ était à l'agonie. La légende allait-elle s'accomplir ? Dans la nuit du 15 au 16, Pie VII s'éveilla plusieurs fois, tourmenté par un songe lui révélant qu'un grand malheur venait de frapper l'Eglise. Délirait-il ? Eh bien, figurez-vous que cette même nuit avait éclaté un incendie, qui allait réduire presque à néant le plus bel édifice de la chrétienté. Pie VII est décédé peu après. Son successeur s'est empressé d'entreprendre la reconstruction d'une nouvelle basilique, faisant raser le côté droit miraculeusement épargné. Peut-être s'agissait-il de conjurer le sort. Car si on n'a pas hésité à recréer une nouvelle série de médaillons, on s'est arrangé pour prévoir de nombreuses niches vides. Et comme vous pouvez le constater, si l'on s'accroche à la légende réactualisée qui circule de nos jours, on peut encore voir venir.

– Mais cet incendie, fis-je captivé, en connaît-on l'origine ? Car une église ne brûle pas si aisément. La pierre qui...

– Vous oubliez la spécificité de la cathédrale : elle n'avait pas de plafond, et on pouvait admirer les poutres qui soutenaient la toiture. Des cèdres du Liban, assurent certains auteurs. Or, le 15 juillet 1823, des ouvriers travaillaient à la couverture en plomb soutenue par ces poutres. Leur réchaud serait à l'origine du sinistre.

– Un récit passionnant. Mais que voulez-vous me signifier ? Que mon ami a pu voir une scène du passé ?

– Ou qu'il s'en est inspiré pour vous jouer la comédie. Je ne sais pas... J'avais l'impression que ça concernait le futur.

– Mais vous m'avez dit que vous étiez un pur rationaliste et...

– Avez-vous lu *Le matin des magiciens* ? Non ? Dommage. Un vide qu'il vous faudra combler. Il s'agit d'un livre détonant, contestable parfois dans les détails mais admirable dans ses intentions, son plan d'ensemble. Ses auteurs sont deux Français, qui ont décidé d'ouvrir et de baliser une nouvelle voie de réflexion, d'investigations. Ils l'appellent le réalisme fantastique. Leur idée majeure, c'est qu'il existe de nombreux phénomènes ou événements marginalisés par l'histoire, la science. Parce qu'ils sont incongrus, en contradiction avec les théories admises. Les cas de combustion spontanée, par exemple; la découverte d'une pile électrique vieille de plusieurs millénaires; des inscriptions sur des météorites; des pluies de sang, de boue, de grenouilles; des empreintes d'un animal extraordinaire dans le Devonshire... A leur suite, je pense qu'un véritable scientifique ne peut écarter de sa route ce qui l'embarrasse. Il doit d'abord enregistrer, ensuite analyser et, en définitive, pouvoir accepter d'inscrire les mots *exception* ou *observation avérée mais non expliquée.* Tout cela pour en revenir au cas de votre ami, aux raisons de mon intérêt. Ah, mais...

Je le vis soudain s'agiter, comme s'il répondait à un message invisible. Je me tournai et aperçus un groupe de touristes s'apprêtant à quitter la basilique. Une sexagénaire grande et distinguée nous faisait signe, pointant l'index vers sa montre.

– C'est ma femme, Monica, fit Andreani embarrassé. Elle m'interdit de suivre les visites guidées à cause de mes remarques trop acides. Déformation professionnelle, évidemment. Mais là, ça se termine. Je dois y aller, car nous avons rendez-vous. Ecoutez, j'aimerais poursuivre cette conversation et interroger votre ami. Vous pourriez passer à mon hôtel ? Ne me faites pas faux bond, j'ai encore une étrange affaire à vous raconter. Qui touche à l'incident de ce matin. La prophétie de saint Malachie, ça vous dit quelque chose ?

– Malachie ? Non, rien.

– Faut vraiment que j'y aille. Tenez, voici ma carte. Et j'ajoute notre adresse à Rome.

Le professeur Andreani m'a serré la main vigoureusement et s'est précipité à la poursuite de ses compagnons de voyage. Je suis resté un long moment immobile, jetant de temps à autre un coup d'œil aux médaillons. Je tentai de remettre mes idées en place. Ce pour quoi nous nous trouvions à Rome s'était produit. Mais que devais-je penser de la tournure des événements ? Y avait-il une piste à explorer dans le fatras prononcé par Valentin ? Tout cela était-il sérieux ? Y avait-il de l'Apocalypse dans l'air ?

CHAPITRE NEUVIÈME

Il s'était convaincu qu'il voulait protéger l'innocence, alors qu'en réalité, il ne voulait que ramper dans les égouts en quête de l'aventure; il s'était vendu à lui-même un stock d'illusions sur la juste règle de la loi quand en réalité il voulait se repaître des ténèbres qu'il prétendait mépriser (...).
(J. ELLROY, *La colline aux suicidés*)

NOUS VENIONS de repasser l'enregistrement. J'ai sorti un calepin et retranscrit chaque parole de mon compagnon.

– Ce n'était qu'une suite de flashes, a-t-il conclu, violents et saccadés. Des forces puissantes s'opposaient à ma perception, qui rabattaient sans cesse d'épaisses tentures. Mais je crois que ces images de destruction, de mort, concernaient un futur proche. Et ces mots d'Apocalypse, d'Antéchrist...

Je l'ai regardé droit dans les yeux, interloqué.

– Votre vision était circonscrite à Rome ?

– Comme le Tibre peut symboliser la Ville éternelle, celle-ci peut signifier l'Eglise catholique, la civilisation occidentale, le christianisme. Sinon le monde.

*
* *

– Décidément, entre Bernin et vous, c'est le grand

amour, s'exclama Lorgues, alors que j'admirais la plus belle des trois fontaines ornant la *piazza Navona*.

Après un crochet par notre chambre de la *via Principe Amadeo,* nous nous dirigions vers une pizzeria recommandée par le *Guide du Routard*. Depuis quelques minutes, j'avais remarqué que Valentin désirait donner le change, comme s'il avait retrouvé son assurance. Mais je n'étais pas dupe, je commençais à le connaître. Aussi m'attendais-je à une anecdote. Allait-il me rappeler que la forme étroite et allongée de la place épousait les contours de l'antique stade de Domitien ?

– Vous remarquerez le bras levé des statues du Nil et du Rio de la Plata, reprit Lorgues en se caricaturant. Comme si elles voulaient se défendre. De quel sombre danger ? De l'écroulement de la façade de cette église proche. C'est qu'en bonnes filles du Bernin et de ses élèves, elles se moquaient des travaux de Borromini, son illustre rival.

– Amusant.

– Ce n'est hélas qu'une légende.

– Je vous retrouve, Valentin.

Je remarquai que mon singulier compagnon écarquillait les yeux, sous l'emprise d'une profonde surprise.

– Que se passe-t-il, mon vieux ?

– Cette fille. Je... Il faut...

Lorgues me saisit l'épaule dans un état d'excitation que je ne lui connaissais pas.

– Je vous rejoindrai à la pizzeria. Ne me suivez pas, surtout !

– Mais dites-moi...

Trop tard. Eberlué, je le vis disparaître dans la foule, plongeant dans une de ces ruelles caractéristiques du quartier. Je me rappelais Bruxelles, mais ici, en me remémorant ses derniers mots, je ne pouvais arriver qu'à une conclusion : il poursuivait une fille. Le coup de foudre ? Une situation surréaliste, étant donné les événements du matin et le peu de goût qu'il manifestait pour la gent féminine. Et moi qui le pensais asexué, ou plutôt...

Perplexe, je me dis qu'il ne me faudrait guère de temps pour être éclairé. Il me suffirait de l'attendre via del Governo vecchio, en mangeant tranquillement la meilleure pizza de Rome.

*

* *

J'étais attablé depuis plus d'une heure. J'avais commandé un apéritif, puis la plus grande de toutes les pizzas. J'avais mangé lentement, en entrecoupant mon repas de force rasades de rouge. Mais toujours aucune trace de Valentin. J'ai traîné le plus longtemps possible, feignant de me passionner pour la documentation que mon compagnon m'avait abandonnée. A un moment donné, il m'a fallu me résoudre à quitter les lieux. Déconcerté, j'ai regagné la pension, espérant y retrouver mon indiscipliné camarade. Il n'y était pas. J'ai pris une douche, entamé une sieste, puis je me suis replongé dans mon *Moby Dick*.

Vers dix-huit heures, un début d'exaspération m'a saisi. Je me suis raisonné. L'amour ne fait-il pas oublier le temps qui passe ? J'ai essayé d'imaginer Lorgues se baladant main dans la main avec une beauté fatale, l'étourdissant d'anecdotes, l'envoûtant par ses accointances avec l'au-delà. Je suis ressorti pour aller souper dans les environs de la *piazza Campo dei Fiori*. Je me sentais libre et seul. Le temps était délicieux, les filles ravissantes, et j'étais dans la plus belle ville du monde. D'un autre côté, il y avait ces visions inquiétantes, mon impossibilité du moment à clairement raisonner. J'ai choisi de m'accorder une pause, de me laisser aller à flâner dans ces endroits immortalisés par *La Dolce vita* ou *Fellini Roma*.

Vers vingt-deux heures, en franchissant les portes de la pension, je pensais que Lorgues aurait réapparu. Il avait tant insisté pour m'entraîner dans cette aventure, malgré mes réticences, qu'il ne pouvait risquer de me voir regagner mes pénates parisiens. D'ailleurs, notre quête semblait l'affaire la plus importante de sa vie.

La chambre était vide. Stupéfait, j'ai demandé des nouvelles à la réception. Valentin n'était pas repassé de la journée, et n'avait laissé aucun message. Décidément, de nombreux aspects de sa personnalité devaient m'échapper. Il ne me restait qu'à dormir. Ce qui s'avéra difficile. Je rêvais d'Ophélie, de Laure et Nadège ; des disciples de Satan et de Marie-Corédemptrice ; d'images de mort et de destruction ; d'évocations obscures.

Le lendemain, je me suis accordé ma première grasse matinée depuis des lustres. J'espérais que la porte s'ouvrirait pour livrer passage à Valentin. Peut-être, repentant, m'apporterait-il café et croissants. Vers onze heures, j'ai quitté la pension en proie à une irritation teintée d'une inquiétude encore vague. J'ai passé la journée à errer sans but, des jardins de la Villa Borghese à la place Saint-Pierre, du Vatican à la *piazza Venezia* où, dit-on, mènent toutes les voies romaines, et donc du monde, puisque *tous les chemins mènent à Rome.* Là, derrière le Forum qui symbolisait mes rêveries d'enfant, mes lectures d'Alix et Astérix, les histoires de l'Oncle Paul, je me suis senti anéanti, flottant dans le néant absolu, l'absurde insondable. Plusieurs fois, je suis repassé via

Principe Amadeo. Mais rien. Ni Lorgues, ni mot, ni coup de fil.

Durant mon souper, j'ai songé à rentrer à Paris, puis je me suis souvenu du professeur Andreani, de cette prophétie de saint Malachie qui m'intriguait. Ne me devais-je pas, ainsi qu'à Ophélie, d'aller jusqu'au bout de nos investigations ? Et comme l'Italien paraissait aussi cultivé que passionné et passionnant...

*

* *

– Et si nous abordions enfin ce sacré Malachie ?

Je me trouvais depuis trois heures dans la confortable chambre d'hôtel des Andreani. J'en savais déjà beaucoup sur mes hôtes. Ce qui m'avait d'abord frappé, plus encore que la chaleur simple et raffinée de leur accueil, c'était la complicité qui se dégageait du couple. Non, les années n'étaient pas les ennemies mortelles de l'amour. Au contraire, si la qualité des personnes était au rendez-vous, elle pouvait développer cette sympathie absolue qui vaut tous les chefs-d'œuvre de l'art humain. Antonino et Monica s'étaient connus sur les bancs de l'université, enfin, ceux des bistrots estudiantins, vu qu'elle était chimiste et lui historien. Ensuite, ils s'étaient installés à Milan, où ils avaient enseigné dans le même établissement durant près de quarante ans. Ils avaient une fille, qu'ils adoraient, et un énorme appétit pour tout ce qui était beau et bon. Antonino, de par ses origines piémontaises, était tourné vers la culture française. Durant ses jeunes années, il avait travaillé comme traducteur, se spécialisant dans l'œuvre romanesque de Stendhal, ce qui expliquait son étonnante maîtrise de ma langue. Eclectique, sa passion pour Gluck et

Mozart l'avait presque conduit à embrasser une carrière de baryton. Quant à Monica, elle avait flirté avec le théâtre, et s'occupait aujourd'hui d'une petite troupe à l'origine de plusieurs carrières.

Poussé par leurs questions, j'avais ébauché les grandes lignes de ma trajectoire, jusqu'à ce Colomb, auquel j'étais censé me vouer pour quelques mois encore. Par contre, j'avais réduit mon séjour dans la Ville éternelle à une banale excursion touristique, l'absence de Valentin à une indisponibilité momentanée.

– Excusez-moi, messieurs, je vais vous laisser.

– Il est vrai que je parle, je parle, et il est déjà 23 heures. Si ça vous dit, Philippe, nous pouvons poursuivre cette discussion au bar de l'hôtel.

Je n'étais pas pressé de retrouver ma pension. Aussi ai-je acquiescé avec enthousiasme, promettant à Monica de ne me perdre dans aucune digression.

– Oh, mais je pense qu'il est lancé, avec son Malachie, a-t-elle glissé avec humour. Alors, si vous n'épuisez pas la veine, j'y aurai droit. Pitié. Help me !

*

* *

– Il y a un Malachie dans la Bible, mais celui qui nous occupe vivait en Irlande, au tournant des XIe et XIIe siècles. C'était un évêque, auquel on attribue quelques miracles et un don de prophétie. Curieusement, l'« affaire Malachie » débute à la fin du XVIe siècle, avec la publication d'un texte prophétique inédit. Une suite de 111 devises latines s'appliquant aux papes à venir, jusqu'à la fin de Rome et des temps.

– On en est où ?

– A l'antépénultième.

– Fichtre !

– Après Jean-Paul II, il y aura un Souverain Pontife caractérisé par la devise « De la Gloire de l'olive », puis ce sera le retour de Pierre le Romain, pour achever le cycle en beauté.

J'ai sursauté en songeant à l'olive de Valentin.

– Mais ces devises, me suis-je repris, n'étaient-elles pas écrites dans ce jargon sibyllin qui transforme le domaine des interprétations en puits sans fond ? Comme les oracles de la Pythie de Delphes, comme Nostradamus.

– Il y a une différence fondamentale : les devises suivent un ordre chronologique. Il n'est pas question de se demander si l'une d'elles correspond à l'un ou l'autre pape ; chacune est attachée à un et un seul d'entre eux.

– Et ça fonctionne ?

– Trop souvent.

– J'aimerais étudier ça de près.

– On rentrera bientôt à Milan. Je rassemblerai ce que je possède et je vous l'enverrai à Paris.

– C'est très gentil.

– Vous comprenez le lien qui s'est dessiné dans mon esprit entre les voyances de Malachie et Valentin.

– Encore heureux, fis-je mi-figue, mi-raisin, que nous soyions disciples des Lumières.

– Surtout, sourit mystérieusement Andreani, si l'on songe que Diderot et ses amis alternaient discours sur la raison et pratiques alchimiques.

*

* *

J'ai retrouvé ma chambre d'hôtel en pleine nuit. Elle

était vide, et je m'y attendais, sans trop savoir pourquoi.

Je me suis réveillé en fin de matinée. Aucune trace de Lorgues. D'un seul coup, l'angoisse m'est tombée dessus, masse poisseuse qui entravait mes gestes et mes pensées. Je sentais confusément que la disparition de mon compagnon avait cessé d'être malséante pour devenir singulière ou, plus encore, inquiétante. J'ai décidé de patienter jusqu'au soir. Ensuite, je me rendrais à la police.

CHAPITRE DIXIÈME

L'Attente va marchant à travers les champs spacieux du Temps vers l'Occasion. (U. ECO, *L'île du jour d'avant*)

MON PREMIER contact avec la police italienne s'est mal passé. Naïf, je pensais m'attirer la sympathie générale grâce à ma connaissance de la langue locale, acquise durant mes études de philologie, entretenue au hasard de mes voyages à Florence, Rome, Venise, Lipari ou Ischia. Mais le bonhomme grassouillet et moustachu qui a reçu ma déposition avait d'autres chats à fouetter. Evidemment, je m'étais abstenu d'évoquer les raisons véritables de notre séjour, mais de là à mériter pareil regard de merlan frit ! A la fin, le policier s'est adressé à deux de ses collègues dans un patois incompréhensible. Et les trois se sont esclaffés. Saisissant au vol l'un ou l'autre mot, je me suis demandé s'ils ne me prenaient pas pour un homosexuel soupçonnant son amant d'infidélité.

*

* *

De retour à la pension, j'appris que la réception avait enregistré un message à mon attention. Des nouvelles de

Valentin ? Non, Andreani, qui désirait que je le contacte. Je l'ai fait aussitôt. Par chance, il était chez lui. J'ai parlé de la disparition de mon compagnon et de mon accueil par la police locale. Il m'a proposé de nous retrouver pour le souper dans une *trattoria* du Trastevere, ce que j'ai accepté avec soulagement, tant m'effrayait la perspective de cogiter en vain.

Nous avons passé une agréable soirée, mais je ne pouvais cacher mon désarroi. Le vin aidant, j'ai avoué que si je ne recevais aucune nouvelle de Valentin, j'informerais la police des dessous de mon voyage. Les Milanais n'ont pas tenté de me tirer les vers du nez mais, à la fin du repas, Antonino m'a proposé son aide pour mes prochaines démarches. J'étais ravi, et nous nous sommes retrouvés le lendemain, en fin de matinée.

Au commissariat, mon nouvel ami a compris que mon dossier était destiné à sommeiller longtemps. Il s'est fâché, a évoqué l'une ou l'autre relation, et sa faconde a fait merveille. J'ai même vu poindre une lueur de vie dans les yeux du cabillaud de faction. Rasséréné par la présence d'un ami et d'un traducteur, je me suis dit qu'il était prématuré de raconter mon épopée en détail. Aussi me bornai-je à ajouter à ma première déposition la scène de la vision de Saint-Paul, la présentant comme un incident inopiné et incompréhensible. Antonino, en traduisant, a hésité un instant, et je me suis demandé s'il n'était pas surpris, sinon déçu après mes allusions énigmatiques de la veille. La limace qui nous faisait face, elle, a failli avaler de travers. A la voir nous dévisager avec stupéfaction, j'ai cru que nous allions finir dans un asile d'aliénés. J'ai pensé aux *Cigares du pharaon* d'Hergé, j'ai entrevu des camisoles et des jets d'eau.

En sortant du commissariat, Andreani m'a annoncé qu'il partait en excursion à Ostia Antica, à quelque vingt kilomètres de la capitale. Si le Lido cher aux Romains séduisait son épouse, lui comptait parcourir les nombreux vestiges du principal port de la Rome antique. Un champ de ruines qui s'apparentait, à ses yeux, au nectar et à l'ambroisie. Je partageais sa passion pour l'Antiquité, et le lui ai dit. Andreani m'a invité à l'accompagner et j'ai accepté.

*
* *

Le lendemain matin, je sommeillais encore quand on a frappé à la porte de ma chambre. J'ai bondi sur mon pantalon et ouvert précipitamment. La fille des propriétaires tentait de réprimer un large sourire. J'ai compris que mon allure du moment n'était pas celle de ses héros de *soap opera*. On me demandait au téléphone. Les Andreani, la police ou Valentin ? J'ai dévalé les marches quatre à quatre, partagé entre l'espérance et l'anxiété.

– Inspecteur Prelati, de la police romaine. Votre histoire m'a intéressé, et j'aimerais vous rencontrer. C'est possible, ce matin ?

– Quand vous voulez.

– Je vous attends.

Le policier a raccroché. Une oasis au milieu du désert bureaucratique ?

*
* *

– L'indifférence de mes collègues est une bonne chose pour vous.

– Pardon ?

– Votre déposition recèle des éléments que je qualifierais de troubles.

Je restai interloqué. Avais-je mal compris ? Non, nous venions de passer de l'italien à l'anglais, que nous maîtrisions tous les deux. Quelques instants plus tôt, j'avais l'impression que le courant passait avec cet inspecteur de trente-cinq à quarante ans, ce Francesco Prelati élancé, au regard d'aigle noble et carnassier. Et là...

– Vous me soupçonnez d'avoir fait disparaître mon compagnon ? m'exclamai-je en m'efforçant de sourire.

Deux yeux noirs et flamboyants me fixaient, deux braises incandescentes qui incendiaient mon âme.

– Mais si je ne vous avais pas déclaré...

– On ne connaît pas les tenants et aboutissants de l'affaire. Et il y a des criminels pervers.

– Je pensais avoir trouvé quelqu'un de compétent.

– Soit, jouons le jeu sérieusement, fit Prelati en changeant de ton. Mais alors, Sauterre, expliquez-vous franchement.

– Je ne comprends pas.

– Je reprends votre déposition. Ce Lorgues, vous ne le connaissez que depuis trois semaines, mais vous passez vos vacances avec lui. Cependant, vous ne savez ni son âge, ni son adresse. Vous croyez simplement qu'il est Français. Vous êtes homo ?

– Pas du tout ! répliquai-je en me redressant.

– Il n'y a pas de mal.

– Non, mais je suis limité. Seules les filles m'attirent. Désolé pour votre théorie à la noix.

– Désolé pour vous, car votre histoire aurait été plus plausible. Que faisiez-vous avant ce voyage ?

– J'écrivais un livre sur Christophe Colomb.

– Votre séjour romain a un rapport ?

– Non.

– Vous étiez loin dans votre bouquin ?

– A la moitié.

– Et vous partez au milieu de votre travail. C'est normal ?

– Je voulais me changer les idées. Je rencontre un gars qui a envie de partir à Rome, on sympathise et on part ensemble. Qu'y a-t-il d'étrange ? La latitude d'improviser, c'est un des charmes de ma profession.

– Oui, mais quand vous constatez que le type est fêlé...

– Fêlé ?

– Sa vision. Vous croyez aux phénomènes extrasensoriels ?

– Non, mais...

– Donc, la pitrerie de Saint-Paul, puis il vous lâche pour suivre une nana. Sans crier gare. Comme un dément. Et vous tenez à le retrouver ? A votre place, je ne m'en serais plus soucié. J'aurais changé de pension pour ne pas le retrouver sur mon chemin. Ou je serais rentré à Paris. Votre inquiétude est bizarre. Comme si les circonstances rendaient cette disparition inacceptable.

– Vous me croyez coupable ?

– Non. Je passe pour avoir du flair, et ce flair me dit que vous êtes troublé, abattu. Je voudrais comprendre.

J'étais effectivement désarçonné par les tournures prises par mon aventure. Je rejetai la tête en arrière, fermant les yeux et soufflant profondément.

– Pourquoi vous donnez-vous tant de mal ? repris-je à voix basse.

– La vision de votre ami. Ces images apocalyptiques, ces réunions occultes. Le paranormal me fascine.

– Vous y croyez ? Après ce que vous m'avez dit...

– Manipulation. J'y crois. Enfin, un peu, beaucoup, passionnément, etc. Parlez, on a des choses à se dire.

D'un coup, je me suis laissé aller, et je lui ai tout raconté. Le billet mystérieux, le Père-Lachaise, la mort d'Ophélie, Camille Berthier et les sectes mariales.

– Vous vouliez du sensationnel, ai-je conclu revanchard.

– Mieux vaut pour l'instant m'abstenir d'un procès-verbal.

Prelati s'est levé. Je m'attendais à ce qu'il éclate de rire, mais il avait l'air perplexe, embarrassé.

– Il est temps de nous séparer, car j'ai du pain sur plusieurs planches. Laissez-moi les coordonnées de vos éditeurs et ne quittez pas Rome sans m'en avertir.

– Que comptez-vous faire ?

– Réfléchir. Et m'occuper de votre Valentin, rassurez-vous. A bientôt.

*

* *

Je suis rentré à la pension de fort mauvaise humeur. Cette impression désagréable qu'on jouait avec moi, comme le chat avec la souris.

L'envie de jeter un coup d'œil sur les affaires de Valentin m'a saisi. Un pressentiment : elles pouvaient avoir disparu. Mais non, elles étaient dans son armoire. Pas grand-chose : des effets vestimentaires anodins, une valise, des livres sur Rome. Curieusement, ces éléments paraissaient neufs, comme achetés spécialement pour le voyage et n'ayant que peu à voir avec la vie de mon mystérieux ex-compagnon. Je me suis mis à lire ses bouquins, avec le naïf espoir d'y humer un indice. Entreprise vaine. Pourtant, à un moment donné, j'ai sursauté. Je venais de découvrir la superficie de l'Etat du Vatican : 44 hectares. Comme celle du Père-Lachaise ! En repensant au cimetière, j'ai revu le monument de Bartholomé et un mécanisme mental m'a renvoyé au ciborium de Bartolomeo, de San Paolo. Devais-je m'appesantir sur le caractère étrange de ces coïncidences, ou me dégager au plus vite d'élucubrations générées par la fréquentation d'un énergumène des plus suspects ? J'ai choisi la seconde solution, acheminant les sulfureux rapprochements dans les oubliettes de la mémoire. Ensuite, je me suis demandé ce que je faisais encore à Rome. J'allais repenser à Ophélie, aux visions, mais je me le suis interdit. Il valait mieux attendre le résultat des investigations de ce Prelati sympathique et exaspérant.

Pour tuer le temps, j'ai décidé de retourner au Vatican, et j'y ai passé la journée, entre jardins et musées, réconforté par la beauté absolue, tentant de me persuader que Raphaël et Michel-Ange démontraient l'existence de Dieu, du Bien, d'un Ailleurs idéal. J'y suis presque parvenu, et j'aurais souhaité dormir à l'ombre de Saint-Pierre. Malheureusement, l'Eglise catholique n'est pas si accueillante. Devais-je réclamer un rendez-vous avec le Pape ? Lui dire que son trône vacillait, que l'incendie de 1823 n'était qu'une répétition générale décrétée par les puissances infernales ?

En quittant le Vatican, j'ai choisi de flâner le long des rives du Tibre. Je me suis rapidement retrouvé à la hauteur de la *piazza del Popolo,* au nord de Rome. C'est ici qu'arrivaient les carrosses, les diligences des voyageurs du XIXe siècle.

Adossée au côté est de la place, une petite colline couverte de pins parasols et de palmiers. C'est le Pincio, l'un des plus jolis jardins de Rome, qui semble se fondre dans l'immense parc de la Villa Borghese. Au sommet, une terrasse qui surplombe le quartier. J'ai eu envie d'y grimper, même s'il était trop tard pour goûter l'un ou l'autre point de vue panoramique. Mais l'air était doux, l'odeur des pinèdes alléchante. Et j'avais besoin de solitude, de calme, de sérénité. Il était temps de m'arracher à ce cauchemar enfanté par Lorgues. Oui, j'avais rêvé, et Rome n'était-elle pas l'endroit idéal pour m'éveiller ?

Alors que j'empruntais l'une des rampes en songeant aux jardins suspendus de Babylone, un cri aigu attira mon attention. Je me retournai mais, ne voyant âme qui vive, n'entendant rien, je m'apprêtai à poursuivre ma progression. Je m'arrêtai à nouveau, alerté par un gémissement aussitôt étouffé. Je rebroussai chemin et redescendis en silence, les sens en alerte. A proximité d'une arcade, la végétation s'animait. Je me rapprochai. A terre, deux ombres emmêlées dans un furieux corps à corps. Après un moment d'hésitation, j'avançai et discernai une silhouette massive et chevelue penchée sur un corps gracile.

– Arrêtez, je vous en prie ! gémit une voix féminine.

Sans crier gare, je saisis l'homme par un bras et le col de sa veste, et je le tirai brutalement en arrière, avant de l'envoyer rouler à terre. Il se releva d'un bond, la bave aux lèvres, prêt à se jeter sur moi.

– Attendez ! fit la fille.

La brute a lancé un coup d'œil dans sa direction, tandis que je demeurais sur le qui-vive.

– Prenez ça et filez !

Après un bref instant d'hésitation, l'apache a saisi les billets tendus et s'est mis à courir en direction de la *piazza del Popolo*. Je n'étais pas Van Damme ou Schwarzenegger, et j'ai apprécié cet épilogue inattendu.

– Sans vous, je ne sais comment tout cela se serait terminé.

En parlant, la fille m'a rejoint, et j'en ai eu le souffle coupé. Bigre, elle était plus belle que Sharon Stone ou Nastassia Kinsky, qu'Ingrid Bergman, Romy Schneider ou Grace Kelly. Mais nous étions dans la patrie de la Fornarina, de Vanina Vanini et Beatrice Cenci. Dans les vingt ans, une peau de vahiné, un océan de boucles noires laissant émerger deux immenses yeux bleus, des lèvres pulpeuses. Une impression d'ensemble très contrastée, sinon indéfinissable, car elle paraissait à la fois distinguée et provocante, femme et enfant, guerillera mexicaine et étudiante BCBG.

– Vous n'êtes pas blessée ?

– Je n'ai rien. Un bleu ou deux, peut-être.

– Je vous accompagne au bureau de police.

– Ça ne vaut pas la peine. Et puis, la police, je préfère éviter. De toute façon, ils ont d'autres chats à fouetter.

Je n'ai pas insisté, d'autant que j'imaginais la tête de Prelati et des autres si je leur amenais une deuxième affaire. Je risquais de desservir la demoiselle, et de meubler les plaisanteries du commissariat pour les quinze jours à venir.

– Par contre, si vous pouviez me raccompagner chez moi... C'est de l'autre côté du parc, près du Parioli.

– Le quartier chic ? Ne me dites pas que vous êtes une princesse ou la fille d'un richissime homme d'affaires. Je pourrais décider de vous enlever.

– Vous êtes Français ? obliqua-t-elle brusquement dans ma langue maternelle.

– Belge, répondis-je surpris. Mais vous...

– Je suis à moitié Française et à moitié Italienne.

En devisant agréablement de bagatelles, nous avons quitté le Pincio pour la Villa Borghese. J'étais à Rome pour démêler les rets d'une intrigue infernale, Lorgues avait disparu, j'étais presque soupçonné... Et je me baladais au clair de lune avec une belle inconnue, après avoir failli laisser des plumes dans une vilaine bagarre. Ma vie commençait à ressembler à un roman que je n'aurais jamais osé écrire. Mais qui tenait le stylo ? Je me voyais accroché à un fil, marionnette dérisoire n'aspirant qu'à quitter la scène.

De l'autre côté du plus grand parc romain, la belle s'est arrêtée devant un immeuble cossu.

– Nous y sommes. Je ne sais comment vous remercier.

– En appelant un taxi, car me voilà assez loin de ma pension. Et je commence à être fatigué.

– Désolée. Suivez-moi. Vous boirez un verre pendant que je téléphone.

Nous sommes entrés dans un hall élégant, qui m'a mis mal à l'aise. Un ascenseur capitonné, cuir et cuivre, nous a menés au cinquième étage. Il n'y avait qu'une porte, et je m'attendais à découvrir un appartement hollywoodien. Heureusement, ce n'était qu'un duplex confortable, décoré avec goût mais sans ostentation.

– Vous m'aviez dit que vous étiez étudiante en architecture. C'est votre kot ?

Elle a lâché un petit rire cristallin.

– Rassurez-vous. Je ne suis pas la fille de Berlusconi. Simplement la meilleure amie de celle-ci. Enfin, c'est à peu près ça. Sauf que Silvio s'appelle Leopardi et qu'il m'a permis de partager l'appart de sa chérie.

Cinq minutes plus tard, je sirotais un petit rouge quand la sonnerie du parlophone a retenti. Pourquoi fallait-il que ce taximan soit si pressé ? Frustré mais très classe, j'ai serré la main de l'étudiante. Elle a paru se décomposer.

– Ne me laissez pas seule. Pas cette nuit. Avec cette agression, je... Quelqu'un vous attend ?

– Non...

– Je vous préparerai le lit de ma copine. Elle a rejoint ses parents à l'étranger, et je... je...

Je la regardai d'un air ahuri. J'appelai saint Bogart à la rescousse. Qu'aurait dit le héros de *Casablanca* ? « Play it again, Sam ». Mais à part ça ?

– Je comprends, fis-je en jouant la force tranquille. Si vous le souhaitez, pas de problème, je reste.

Pas de problème ? Mais qui en aurait eu, tonnerre ?

– Je vais dédommager le taximan, sourit-elle avec une expression de reconnaissance qui m'acheva. Et merci. Merci pour tout.

*
* *

– Et comment puis-je vous appeler ? Sur la plaquette, il y avait le seul nom de Sensa Leopardi, qui est celui de votre amie, si j'ai bien compris. Un joli nom, d'ailleurs.

– La fille est à l'avenant ! s'est esclaffée ma divine hôtesse, qui réapparaissait après avoir pris une douche.

Elle s'était mise à l'aise, nuisette et kimono assortis, dans un satin framboise et ivoire du meilleur effet.

– Je m'appelle Circé, comme la magicienne de l'Odyssée. Mais je n'ai encore transformé aucun homme en pourceau.

J'ai failli lui dire que ce n'était pas l'envie qui leur avait manqué, à mes frères de sexe. Mais j'ai évité la faute de goût.

– Circé ? Très original. Et poétique. Moi, c'est Philippe-Emmanuel Sauterre. Un peu pédant, mais c'est mieux qu'Albert ou René, non ?

Elle m'a souri et s'est dirigée vers l'installation hi-fi. J'ai reconnu le dernier album de Miguel Bosé. Cette soirée débutait sous les meilleurs auspices. Une demi-heure plus tard, je me retrouvais face à un gargantuesque plat de fettucine, aussi savoureux qu'appétissants. En était-il de même de la cuisinière ?

Oserais-je l'avouer ? L'espace de quelques heures, j'ai tout oublié, m'abandonnant aux charmes de mon hôtesse. Ceux de son corps, que j'appréhendais à travers un frémissement des lèvres, un mouvement de sa lourde chevelure de jais ou quelques parcelles de chair échappant à la pudeur. Ceux de son esprit aussi, car elle avait beaucoup voyagé, vivant au Portugal, en Espagne, en Angleterre, en France, en Allemagne. Fuyant les lieux communs et les frivolités, elle me racontait d'intéressantes tranches de vie, des découvertes, des anecdotes. Elle s'offrait avec une générosité non dénuée de discrétion, sinon de mystère. Car, paradoxalement, elle ne révélait rien de ses origines, de sa condition sociale. Que faisaient ses parents ? Ils voyagent, m'avait-elle répondu en riant. Elle savait écouter, aussi, à en juger par ses questions et l'intérêt qu'elle accordait à mes propos. J'ai brièvement évoqué ma vie, mais beaucoup plus l'édition, mes livres, mes aspirations. On a parlé littérature et cinéma, musique et bande dessinée. Je l'ai jugée suffisamment traumatisée pour lui éviter Lorgues, ses visions et sa disparition. Puis, très tard, on a éteint les bougies et on est parti dormir. Chacun de son côté, comme de petits anges.

CHAPITRE ONZIÈME

Mais mon corps était comme une harpe ; ses mots et ses gestes, comme les doigts qui couraient sur les cordes.
(J. JOYCE, *Gens de Dublin*)

J'AI CRU me réveiller au paradis. La douceur des draps, le mœlleux du matelas à eau et cette musique céleste si proche. Trop proche, réalisai-je soudain. Et j'ai ouvert les yeux sur le jardin d'Eden. Ou sur Circé assise au bout du lit, jouant du violoncelle, un morceau que j'assimilai à quelque suite de Bach.

– Excuse-moi, mais j'ai cru que tu ne te réveillerais jamais. J'ai derrière moi un jogging, une douche et quatre heures d'étude ! Tu peux déjeuner avec moi mais, après, je file à la fac.

– Je dois regagner ma pension au plus vite. J'attendais un coup de fil.

Je prenais conscience de l'incongruité de ma situation. Elle s'était présentée à moi comme l'autre Circé à Ulysse, entravant le cours de mon odyssée. Qui sait ? Peut-être ce brave Valentin se trouvait-il dans un placard, métamorphosé en verrat.

Je me suis habillé en vitesse, je l'ai embrassée amicalement et l'ai quittée stoïquement. Avant de prendre l'ascenseur, un reliquat d'intuition ou d'intelligence m'a arrêté.

– Si je t'invitais à dîner ce soir, est-ce que...
– Que fais-tu cet après-midi ?
– Je ne sais pas... Rien de spécial.
– Après mon examen, je m'accorde quartier libre et je file à Tivoli. Viens me chercher vers 14 heures.

Quand l'ascenseur a commencé sa descente, j'ai failli hurler à la manière des coyotes ou des loups de Tex Avery. Je venais de comprendre ce que ressentent les gamins qui ont gagné un séjour à Disneyland.

*
* *

– Qu'est-ce que vous fichez là, Prelati ? Vous fouillez ma chambre ? Vous me soupçonnez pour de bon ?

Je me tenais dans l'embrasure de la porte, sidéré par la présence du policier.

– Je vous ai téléphoné plusieurs fois depuis hier. Comme vous paraissiez avoir à votre tour disparu, j'ai préféré venir constater *de visu*.

– Je ne vous ai pas promis de rester ici nuit et jour.

– Je vous avais demandé de me prévenir si vous quittiez Rome. J'ai pensé...

– J'ai passé la nuit chez l'une de vos belles Romaines, voilà tout.

– Quel carton ! Il est temps de vous mettre au roman, je crois. Avec votre vécu...

– J'y songerai. Pas de nouvelles de mon compagnon ?

– Aucune trace dans les hôpitaux, les morgues ou les cachots de notre belle cité. Ce qui veut dire que sa disparition est devenue mystérieuse. S'il existe, bien entendu.

– Demandez à la réception.

– La chambre est à votre nom. Ils ont vu quelqu'un qui correspond au signalement de votre ami, mais...

– Ça doit vous sembler complètement fou, mais je vous ai dit la vérité.

– J'aimerais emporter les effets de votre ami.

– Je vous en prie.

– Et vous proposer de déjeuner avec un flic.

– Surprenant. Mais comme tout ce que je touche devient singulier...

*

* *

– Qu'est-ce que vous en pensez ?

– Excellente.

– Je ne parle pas de la pizza, mais de la disparition de Valentin.

– D'abord, le champ des possibilités. Toujours laisser une place à l'inconnue, la piste imprévisible. Pour le reste, trois axes. Un : votre gars vous berne depuis le début, qu'il s'agisse d'un dément ou qu'il soit poussé par un mobile qui nous échappe. Dans ce cas, sa disparition relève du jeu, de la mise en scène. Deux : il croit, à tort ou à raison, en ses visions, mais il a un accident, peut-être à la suite d'une aventure sentimentale. Trois : sa disparition a un rapport avec la voyance de Saint-Paul. Il a reconnu le visage d'une femme jouant un rôle dans l'affaire. Il se lance à sa poursuite. Seul, pour diminuer les risques d'être remarqué. Mais il lui arrive malheur.

– Un exposé clair, concis et assez probant, je le reconnais. Même si je m'étonne qu'un policier accepte d'envisager les facultés extrasensorielles.

– Vous êtes passé par là. Sinon votre aventure s'apparenterait à un jeu de piste pour boy-scouts. Gratuite, ridicule.

– Sans doute.

– Je suis passionné par mon métier. Et toutes mes occupations, ou presque, m'y ramènent. Ainsi je bouquine beaucoup. Dans toutes les directions. Shakespeare, mon auteur de chevet, n'a-t-il pas à sa manière mis à jour les ténèbres de l'âme humaine ? Mais aujourd'hui, il y a ces livres techniques, psychiatriques. Ces investigations de journalistes sur les grands problèmes de nos sociétés. Tout peut servir. Tout... Un jour, j'ai découvert un article sur les méthodes peu catholiques de la police hollandaise. J'ai poussé mes recherches...

– Et...

– Confirmation dans une revue technique : mes collègues des Pays-Bas ont publié les performances d'auxiliaires inattendus, des médiums ! Des milliers de visions auraient été homologuées, permettant la résolution d'une foule d'enquêtes difficiles : meurtres, vols, disparitions d'enfants. D'autres cas, sans doute nombreux, mériteraient d'être évoqués pour d'autres pays, mais tous, hélas, n'ont pas l'honnêteté intellectuelle des Bataves. Et ce n'est pas demain que j'aurai la possibilité d'ouvrir ce nouveau créneau en Italie. A moins que...

J'ai eu soudain la conviction qu'il traînait derrière lui quelques affaires non élucidées qui lui tenaient particulièrement à cœur.

– Vous n'êtes pas du genre à refermer un dossier sans avoir épuisé toutes les ressources.

– Une intrigue sans solution, j'en dors plus la nuit.

– Quand j'étais gosse, j'ai hérité de vieux albums brochés, des compilations de magazines de BD des années 30 ou 40. Je n'avais pas la collection complète et je découvrais des aventures dont je n'avais ni la fin ni le début. C'était frustrant mais ô combien excitant pour l'imagination qui s'évertuait à combler les hiatus. Plus tard, je me suis acharné à reconstituer les pièces des différents puzzles, et j'y ai laissé beaucoup d'argent. Mais quel bonheur, à chaque fois ! Je crois qu'écrire des histoires, c'est me donner l'illusion qu'une réalité est saisissable dans sa totalité, qu'elle répond à un sens.

Prelati m'observait avec attention, une longue mèche rebelle tombant sur ses yeux, comme pour en camoufler le singulier éclat. Il allait ouvrir la bouche quand j'ai réalisé qu'il était temps que je file.

– Désolé, inspecteur, mais on ne fait pas attendre une belle Romaine. A bientôt !

*

* *

Tout a commencé comme ces voyages scolaires de mes jeunes années. A proximité de la stazione Termini, nous avons pris un bus qui nous a menés à Tivoli, l'antique Tibure, le domaine de Mécène, l'ami, le protecteur du grand Horace. Pas celui des Curiaces. Celui des Epitres et des Odes, des Satires, celui du mémorable « A Tibure, j'aime Rome ; à Rome, j'aime Tibure », si rabâché et pourtant si profond. Un de mes maîtres à penser, pour tout dire.

Descendus près de la Villa d'Este, nous avons emprunté les ruelles de la vieille ville pour gagner la Villa Gregoriana, un parc boisé édifié autour de l'Aniene, un affluent du Tibre. Quelle merveille que cette Grande Cascade, où la rivière précipite sa course impétueuse dans un ravin. Au fond de celui-ci, la Grotte de la Sirène, où rugissent les flots fracassés.

Et ça m'est tombé dessus. Une sensation irrésistible que je pensais réservée aux filles, ce trouble qui vous étreint l'âme et le corps. Comme dans cette scène magnifique de *La Route des Indes*, où une jeune Anglaise, en tombant nez à nez avec de somptueux bas-reliefs érotiques, voit s'ouvrir les vannes de sa sensualité avant de connaître l'extase dans les bras d'un bel Hindou.

Pour éteindre l'incendie qui couvait, j'ai tenté de m'éloigner de ces bouillonnements trop imagés. Circé, surprise, a dû courir pour me rattraper. Heureusement, j'avais récupéré mon empire sur moi-même et je repris une marche quasi sereine. Comme le temps passait, ma compagne a proposé de revenir vers la Villa Borghese et j'ai acquiescé, trop heureux de fuir cet enfer aquatique.

Nous voilà dans la résidence campagnarde du cardinal Hippolyte d'Este. Le bougre, un favori de François Ier, n'a pas hésité à reconvertir à son usage personnel un couvent de Bénédictins. Nous ne faisons que passer à travers le bâtiment lui-même, assez insignifiant malgré ses fresques. Un coup d'œil à l'ancienne église et l'on glisse vers la loggia du salon central, d'où nous découvrons la splendeur des jardins étagés immortalisés par Montaigne et Ravel. Trois hectares où cinq cents jets d'eau et fontaines résonnent langoureusement entre végétation et statues. Bientôt un escalier à double rampe nous précipite vers ces allées d'enchantement permanent. Je m'arrête devant la Rometta, la petite Rome, un ensemble qui reproduit les monuments caractéristiques de la capitale antique. Mais voilà que Circé me saisit la main et me conduit dans l'Allée aux cent fontaines, aux confins du réel. Ici, l'eau jaillit de partout, de lys ou d'aigles, d'obélisques ou de barques. Une force incompressible, la vie à l'état brut. Que dois-je faire, moi qui n'ai plus toute ma tête, qui l'ai perdue depuis un certain rendez-vous au Père-Lachaise ?

Circé s'est arrêtée et a plongé le chef sous l'eau vive.

Quand elle se retourne vers moi, son visage ruisselle de perles fines. Un battement des cils, ses yeux bleus de biche aux abois, ce frémissement de lèvres écarlates. Elle rit doucement en jouant avec sa luxuriante chevelure, mais moi je ne remarque que son t-shirt mouillé, qui moule des formes qui m'éclatent le cerveau. Elle me reprend la main et nous descendons vers l'Esplanade des Viviers, trois bassins auprès desquels nous pique-niquons légèrement. L'étudiante admire les jeux d'eau de la Fontaine de l'Orgue, tandis que je la caresse des yeux, persuadé de contempler un joyau unique qui ferait pâlir tous les écrins. Qu'est-ce que l'art face à la beauté d'une femme ?

– Autrefois, commente ma nouvelle amie, un ingénieux mécanisme permettait à la force de l'eau de jouer les organistes auprès d'un véritable instrument caché dans la partie supérieure. Imagine l'effet produit par ces sons mystérieux. Mais trêve de rêveries. Regarde, nous sommes pratiquement les derniers visiteurs. Hâtons-nous, car il reste quelques merveilles.

Nous sommes remontés vers la Fontaine de l'Ovato. Un bassin encadré de statues allégoriques, un arrière-plan de balustrades et de rochers couverts de mousse, au-dessus desquels tombent en cascade les eaux de l'Aniene. Je me souvenais du passage étroit aménagé sous la chute et j'y ai entraîné ma compagne.

– Tu as déjà lu Stendhal ? m'enquis-je en m'arrêtant au milieu du déferlement sauvage.

– *Le Rouge et le Noir*, il y a très longtemps.

– Je songeais à l'une de ses phrases, que j'ai relues dans un guide quelconque, il y a quelques jours. « Si j'avais le pouvoir, je serais tyran, je ferais fermer le Colisée durant mes séjours à Rome ».

– Le Colisée, c'était son Nirvana ?

– A peu près. Ce que je veux dire...

Circé, surprise, s'était rapprochée et je ne voyais plus qu'un océan sombre et houleux, d'où émergeaient deux îles azurées et un littoral écarlate. Mon cœur, naufragé, fendait flux et reflux, désespérant d'accrocher la terre salvatrice.

– Je voudrais être milliardaire... pouvoir payer grassement les gardiens du parc... le refermer sur nous, y demeurer à loisir avec toi...

Circé me regardait, déconcertée. J'avais l'impression que ses yeux se mouillaient légèrement.

– Ton style de drague ? a-t-elle murmuré, en se forçant à crâner.

– Tu me plais infiniment.

Je l'ai attirée contre moi. Elle n'a pas résisté. J'ai commencé à l'embrasser, avec des précautions infinies, et je l'ai sentie me suivre sur la pente du désir. Je me suis arrêté au seuil de l'avalanche.

– Il faudrait mettre un bémol, sinon...

– Pourquoi ? a-t-elle balbutié en accomplissant des gestes sans rémission.

Mes mains se sont aventurées sur son corps, et ses seins m'ont paru cordillère. Le crépitement de l'eau, le contact de sa chair fruitée et mœlleuse. Les pulsions comprimées depuis la Gregoriana m'ont étourdi, et la passion s'est déversée sur nos corps enlacés. Malgré la précarité de notre position, j'ai réussi à descendre son short denim et sa petite culotte de satin noir ; je me suis aplati contre la paroi et je l'ai serrée contre moi ; nous avons fondu l'un dans l'autre, et l'alliage nouveau a redessiné quelques pages du *Kamasutra*. A la fin, je l'ai tournée face à la cascade et elle a incliné le buste en avant, léchant dangereusement l'infernal bouillonnement. Et là, au milieu de halètements furieux, des litres de liquide se sont répandus sur elle et en elle. Et mes mains se pendaient à ses seins comme à des lianes, sauf que c'étaient des troncs de baobabs, des séquoias. Elle est revenue contre la paroi, le souffle court ; je lui ai embrassé longuement la nuque et les oreilles, tandis qu'elle chuchotait des mots en italien, comme un cantique exquis, palpitation de l'âme.

– Si les gardiens ne sont pas trop consciencieux, a glissé Circé après un silence, ils pourraient nous oublier.

– Tu oserais passer la nuit seule avec un inconnu ?

– Au milieu des statues et des jets d'eau, c'est excitant.

Nous nous sommes blottis l'un contre l'autre, le temps aboli, tandis que mille et une pensées me traversaient l'esprit.

Personne n'est venu nous déranger. J'ai fini, bien plus tard, par oser émerger à découvert. La nuit était tombée et le parc semblait désert. Par un réflexe naturel, nous sommes redescendus prudemment vers le fond des jardins et nous avons passé les heures suivantes près de la Rotonde des Cyprès. Il faisait un peu frais pour pouvoir nous assoupir, mais idéal pour approfondir nos relations. Nous avons discuté à n'en plus finir, nous attaquant aux moindres recoins de nos goûts et dégoûts. Quand l'un d'entre nous, d'aventure, se risquait à marquer une pause, l'autre l'attirait aussitôt, et c'était des étreintes enfiévrées qui nous emmenaient vers un Ailleurs sans ciel ni terre, au-delà du Bien et du Mal.

Vers minuit, Circé a eu l'idée d'un jeu. Il s'agissait de révéler des épisodes cachés ou singuliers de nos vies. D'ouvrir nos jardins secrets, de mettre à nu des espaces jusqu'alors inviolés. Autant l'avouer, je compris rapidement que je ferais pâle figure auprès d'une jeune fille aussi délurée. Les voyages forment la jeunesse, c'est bien connu, et « Heureux qui comme Ulysse »... Pour sauver la mise, j'ai décidé de sortir le grand jeu. Et j'ai raconté mon épopée avec Lorgues en détails (à part le contenu des visions, que j'ai préféré réduire aux allusions à l'Apocalypse et à la destruction de Rome), en ménageant mes effets à la manière d'un conteur des veillées champêtres.

*
* *

A peine franchie la porte de la pension, je me suis précipité vers le propriétaire affalé derrière la réception. Aucun message ne m'attendait. J'ai empoigné le téléphone et tenté de joindre les Andreani, mais ils étaient en balade. Puis j'ai appelé Prelati, mais il était également de sortie. Je me suis dirigé vers l'escalier en souriant. Je revoyais la tête des gardiens de la Villa d'Este quand nous étions sortis du domaine au moment de son ouverture. Le temps qu'ils réalisent, nous étions de retour à Rome.

Je suis monté prendre une douche et me changer. Ensuite, je me suis allongé, prêt à laisser mon imagination me ramener quelques heures en arrière. Mais à peine avais-je fermé les yeux qu'on a frappé à la porte. C'était la sauvageonne que je prenais pour la fille de la maison. Arborant son habituel petit air moqueur, elle m'a signalé qu'on me réclamait au téléphone. J'aurais bien dévalé les marches quatre à quatre, mais la fille s'est évertuée à me précéder, en balançant effrontément son popotin sous mes yeux rassasiés.

J'ai saisi le combiné en espérant découvrir l'inspecteur Prelati.

– Sauterre ? a lâché une voix fatiguée, que je n'ai pas reconnue de suite.

– Oui.

– Je désespérais de vous entendre. J'ai découvert des choses. Je dois vous voir... Mais pas à l'hôtel... Sur la place Saint-Pierre, à côté de l'obélisque, dans une heure.

La communication s'est interrompue sans que j'aie pu esquisser la moindre réplique. J'ai déposé le cornet, qui pesait dans les dix tonnes. Pétrifié, j'ai réalisé que je venais d'entendre Valentin-Etienne Lorgues !

CHAPITRE DOUZIÈME

Le voyage est une suite de disparitions irréparables.
(P. NIZAN)

UNE HEURE ! Le téléphone de Circé était en dérangement, et nous avions convenu de nous retrouver chez elle avant de nous offrir un excellent restaurant. En amoureux ? Mais oui, bon sang ! Je crois que j'étais follement épris. On se connaissait à peine ? Qu'importe. Le coup de foudre. Mais quand ? Sous la cascade ou les cyprès ? Dans le Pincio, déjà ? Un sentiment, ce n'est pas une histoire de fiction. Difficile d'en saisir la genèse précise. Peut-être était-ce lorsqu'elle m'était apparue au bout du lit, dans sa nuisette ivoire et framboise, un violoncelle à la main et l'âme dans l'autre.

Une heure, donc. Au fond, il me suffisait de traverser la Villa Borghese. C'était faisable, quitte à prendre un taxi une fois là-bas.

J'ai déserté la pension au pas de course, sous l'œil hagard du factionnaire de service. Et soudain, au coin de la rue, Lorgues ! Surpris, je l'ai vu disparaître derrière les badauds. Je me suis précipité à sa rencontre, mais il s'était volatilisé. Une illusion ? Déconcerté, je me suis dirigé d'un pas alerte vers l'ancien domaine du cardinal Scipione Borghese.

*
* *

– Tu dois y aller seul. Après tout ce que vous avez partagé, il comprendrait mal l'intrusion d'une inconnue. Surtout que la nature de votre quête, les mystères qui entourent ce Valentin... Ne discutons pas davantage. File. Je te rejoindrai au restaurant.

Circé avait sans doute raison, mais je n'avais pas le temps d'approfondir. Je l'ai embrassée tendrement, en lui jurant que ma vie était habituellement plus calme. J'aurais voulu la couvrir de fleurs, lui dire tout ce que j'éprouvais. Ce serait pour un peu plus tard.

*
* *

Je suis arrivé à Saint-Pierre avec deux minutes de retard. J'ai traversé la place encombrée de touristes, en imaginant les explications que me fournirait Lorgues. J'étais excité, d'une impatience absolue. Mais quand j'ai atteint l'obélisque, j'ai eu beau tourner et tourner sur moi-même, il m'a fallu convenir que le frère d'Ophélie brillait par son absence. L'heure prévue était à peine dépassée, mais j'étais dépité et irrité, jugeant inconvenant qu'il me fît attendre après un silence de plusieurs jours.

Faisant contre mauvaise fortune bon cœur, j'ai choisi de retourner en pensées auprès de ma Dulcinée. J'ai revécu les étreintes de la Villa d'Este; j'ai songé à notre avenir, me demandant si je ne pourrais pas m'installer à Rome. Je terminerais mon *Christophe Colomb* et ensuite je tournerais le dos aux commandes pour me lancer dans des projets personnels, des romans. Alors, Rome ou Paris...

Quand je suis sorti de mes cogitations, le temps avait filé. Lorgues n'était pas là, et il avait une demi-heure de retard. J'ai commencé à m'énerver, puis à m'inquiéter et à ne surtout rien comprendre. Je me suis mis à faire les cent pas autour du monolithe de granit, le cerveau déchiré par l'absurde. J'ai attendu, attendu, et, comme dans la chanson, il n'est jamais venu !

Après une heure d'exaspération, j'ai admis l'idée que Valentin-Etienne se payait ma tête depuis le début. J'avais affaire à un fou. J'ai consulté une dernière fois ma montre et résolu de passer un coup de fil à Prelati.

*

* *

– Hello, Sauterre ! Des nouvelles croustillantes ?

Surpris, je me suis retourné pour découvrir l'inspecteur Prelati. N'ayant pu lui parler, j'avais laissé les coordonnées de la trattoria afin qu'il puisse me joindre.

– Comme je passais dans le coin, j'ai préféré vous voir. Mais peut-être attendez-vous quelque gente dame...

– A vrai dire...

– Rassurez-vous. Je bois un apéritif et je file.

– Lorgues m'a téléphoné.

– Voilà du neuf !

– Il m'a fixé rendez-vous.

– On va enfin savoir.

– Non. Je l'ai attendu une heure. En vain ! Il se paie ma tête, c'est un dément.

Prelati s'est renfrogné. Il paraissait aussi déçu que moi, ce qui me le rendait très sympathique. Je lui ai offert l'apéro et on a trinqué amicalement, mais sans grand entrain.

– Faut que je vous quitte ! a-t-il lancé en se levant brusquement.

– Je crois que mon amie aussi me fera faux bond, ai-je marmonné en consultant l'heure.

– Les Romains ne sont jamais ponctuels, a rigolé l'inspecteur en s'éloignant.

J'ai commandé un second apéritif, que j'ai fait durer un maximum de temps. Puis, étonné par le retard de Circé, j'ai pensé qu'elle avait oublié un examen, qu'on l'avait appelée de la fac. J'ai demandé au patron si on n'avait pas oublié de me transmettre un message. Devant mon désappointement, le brave homme a tenté de me dérider et nous nous sommes mis à discuter football autour d'une bouteille de sa cave personnelle. A un moment donné, mon ventre a crié famine et j'ai attaqué une pizza, mais le cœur n'y était pas.

Quand j'ai quitté la trattoria, Circé aurait dû s'y trouver depuis deux heures. Ces deux absences inattendues, ça faisait beaucoup pour un seul homme. Je me suis raisonné, me rappelant que le téléphone du duplex était hors d'usage. Que devais-je faire ? Retourner chez Sensa Leopardi ? C'est ce que j'ai entrepris. Il n'y avait personne. J'ai laissé un message dans la boîte aux lettres avant de regagner la pension. Là non plus, personne. Ni rien. Circé avait-elle eu un accident ? Et Valentin ?

J'ai broyé du noir dans ma chambre durant quelques heures, ne pouvant ni réfléchir, ni lire, ni dormir. Le soir, je suis descendu téléphoner à Andreani. La réception de son hôtel m'a annoncé qu'il avait été rappelé d'urgence à Milan, sa petite fille ayant eu un accident. J'ai essayé son numéro personnel, mais on ne répondait pas. Je me sentais atrocement seul. Rome n'était plus la plus belle ville du monde, mais un univers étranger, indifférent. Je perdais la tête, avec cette sensation d'être entouré d'ombres hostiles, de complots tentaculaires. Ne m'avait-on pas pris pour un agent secret de première importance ? Lorgues ou Circé, voire Andreani et Prelati, n'étaient-ils pas des espions chargés de me tirer les vers du nez ? Ou de me griller, de me rendre fou ? J'étais Cary Grant dans *La mort aux trousses*, ou Patrick Mac Goohan dans *Le Prisonnier*.

Je suis ressorti à la nuit tombante et j'ai retraversé la Villa Borghese. Comme l'appartement de Leopardi semblait vide, j'ai sonné chez l'un ou l'autre voisin. Deux m'ont répondu, mais sans aménité. Ils connaissaient à peine Sensa et pas du tout Circé, ce qui n'était pas étonnant dans ce type de quartier, huppé, beau mais sans âme. En glissant un second mot, j'ai remarqué que le premier n'avait pas bougé d'un iota. Je suis resté adossé au mur de l'immeuble durant près d'une heure, au seuil du désespoir.

*
* *

Le lendemain, je me suis levé vers dix heures. Je suis descendu comme un zombie en quête d'un hypothétique message. Andreani avait appelé pour justifier son départ précipité. Sa petite fille n'avait heureusement rien de préoccupant.

Aucun signe de Circé ni de Valentin. Sans me presser, fataliste, comme abruti par l'absurdité de mon cauchemar, j'ai passé la journée en navettes, de la pension au duplex, et inversement. Que fallait-il imaginer ? Je n'en avais plus la force.

Le soir, j'ai téléphoné à Prelati et je l'ai informé de la situation. Ne devais-je pas me livrer à une nouvelle déposition ?

Abasourdi mais amical, il me l'a déconseillé. C'était trop tôt. Je lui ai annoncé mon désir de prendre le premier train pour Paris. Il avait l'air déçu mais n'a pas protesté. Au contraire, il m'a proposé de venir me chercher en voiture.

*
* *

Prelati arriva à l'heure matinale prévue, comme un phare dans le brouillard de ma vie. En me conduisant à la gare, il me confirma son intérêt pour mon aventure et me promit de rogner sur ses heures de repos pour en apprendre davantage sur Circé ou Lorgues.

– Si vous aviez signalé cette disparition, rigola-t-il sur le quai, je crois qu'on vous aurait bouclé.

– Je suis pourtant le seul à réclamer ces deux personnes, ai-je rétorqué sans pouvoir sourire.

– Oui, mais les collègues vous prennent pour un fou.

– J'espère que nous resterons en contact, inspecteur, vous êtes un chic type.

Nous nous sommes longuement serré la main. Puis les portes du wagon se sont refermées, comme des parenthèses concluant une digression inopportune. Et je suis resté collé à la vitre, cherchant du regard ces visages disparus que je ne pourrais oublier.

CHAPITRE TREIZIÈME

Je porte le deuil d'un monde et de tous ceux qui l'ont peuplé. J'en suis l'unique survivant. (M. RIO, *Merlin*)

DE RETOUR à Paris, j'ai découvert mes notes de travail, mon appartement en l'état qui était leur avant l'intrusion de Lorgues dans ma vie. Un CD de Primal Scream dans le boîtier de la chaîne hi-fi, une cassette de Bigos Luna dans la vidéo. En lançant la musique, j'ai réinvesti les idées qui m'habitaient quelques semaines plus tôt. Avais-je rêvé cette aventure ? J'aurais pu m'en persuader, n'eût-ce été la pellicule de poussière, d'une inconvenance morbide pour un maniaque de l'ordre et de la propreté.

J'ai voulu reprendre mon *Christophe Colomb*, mais des fantômes se penchaient par-dessus mon épaule. Je fermais les yeux, mais c'était pour voir Ophélie, Valentin ou Circé.

Alors je me suis laissé aller à rebours, revivant la trame de mon odyssée, espérant que le recul m'apporterait la lumière. A la fin, j'étais submergé par une sensation d'inanité absolue. Que me restait-il des rencontres, des informations accumulées en cours de pérégrinations ? Je me suis vu l'un des condamnés des Enfers antiques. Ixion rivé à une roue qui ne cesse de tourner, Tantale qui se baisse pour boire une eau qui le fuit, Sisyphe et son rocher, les Danaïdes et leur tonneau sans fond.

Puis, un dard a perforé la brume, comme le fanal des naufrageurs. Une intuition effrayante. Lorgues était un psychopathe. Il s'était attaché à moi à la suite d'un transfert affectif lié à Ophélie. Il avait tout inventé, orchestré pour me séduire, me garder, puis jouer avec moi. Mais l'apparition de Circé avait brouillé les cartes. Et s'il s'en était pris à celle que j'aimais ? Si...

Atterré, je me suis raisonné. Ce n'était qu'une spéculation générée par ma surconsommation de serial killers. Ellroy, Higgins-Clark, Carr, *Le silence des agneaux, Twin Peaks*... Il était temps que j'en revienne à Bosco ou Pagnol.

A défaut, il me fallait m'atteler à mon *Colomb*. J'ai téléphoné à ma directrice littéraire. Surprise : sa collection historique était suspendue, car trop onéreuse. Les auteurs en chantier seraient indemnisés et aiguillés vers de nouveaux projets. Plutôt que de râler, j'ai reçu l'information comme une délivrance et un signe du destin : je devais clore un chapitre de ma vie, me tourner vers le roman.

*

* *

J'ai commencé à butiner dans les rayons de ma bibliothèque, et je suis tombé sur Nostradamus. Un livre qu'on m'avait offert quelques mois plus tôt. Je l'avais à peine ouvert, dégoûté par le style abscons des prédictions, la fantaisie des interprétations. La curiosité ravivée par mes récentes aventures, je décidai de regarder ce que le mage nous avait concocté pour cette fin de siècle.

Je me suis jeté sur mon lit et j'ai attaqué le livre par la

fin. *L'assassinat du président Kennedy* ! J'ai lu le quatrain censé l'annoncer :

« Le Grand par foudre tombe d'heure diurne.
Le mal prédit par porteur de missive.
Suivant le présage, un autre tombe d'heure nocturne.
Conflit à Reims, Londres et la Toscane pestiférée. »

Mais c'est bien sûr... ! Non, je n'étais pas le commissaire Bourrel, et je ne voyais pas le rapport avec la figure emblématique des sixties, même s'il avait été tué en plein jour et son frère Robert de nuit, à une époque marquée par l'agitation des étudiants français et anglais, par de graves inondations dans la région de Florence (on avait craint un retour de la peste, disait l'interprète).

Mes retrouvailles avec l'auteur des *Centuries* n'auguraient (c'est le cas de le dire) rien de bon. J'ai tourné les pages avec désinvolture, pour me rapprocher de notre époque. En 1996, le sud de l'Europe allait succomber sous les coups de boutoir des musulmans. Et le pape mourrait en mai. Zut ! Nous étions en juillet, et... Quant aux Arabes, je ne voyais pas trop comment... Je ne devais pas avoir la grâce car j'avais beau lire et relire les paragraphes sibyllins, je ne découvrais l'ombre d'un repère chronologique. Comment procédaient ces interprètes ? Par illumination ? Ah, New York serait détruite en 97. Une attaque nucléaire. Et ensuite l'Apocalypse !

« L'an mil neuf cent nonante neuf sept mois
Du ciel viendra un grand Roy d'effrayeur
Ressusciter le grand Roy d'Angoulmois,
Avant apres Mars regner par bonheur. »

Juillet 99 ! Une date précise. Mais pour le reste... Bah, l'interprète limitait la casse. L'Apocalypse, ce serait la fin d'une ère (chrétienne ?) et l'avènement d'une autre, pas le bout de la piste pour cette bonne vieille Terre. Et après les Arabes, c'était au tour des amis jaunes de nous soigner aux petits oignons, car le *Roy d'Angoulmois* représentait la famille des Khan.

J'ai refermé le livre en riant. J'ai repensé aux prédictions de La Salette et Fatima, aux élucubrations des Grelot et autres antipapes québecquois, andalous ou français. Pourquoi avais-je suivi ce Lorgues ? N'était-il pas le plus dérangé d'entre tous ?

Il était assez tard quand le téléphone a sonné. Je me suis arraché à la vision d'*Adieu ma concubine* de Chen Kaige.

Heureusement, c'était une cassette et j'ai enclenché l'arrêt sur image, pétrifiant la splendide Gong Li.

*

* *

– Allo ? Sauterre ?

Bon sang, cet accent.

– Inspecteur Prelati ? Ça me fait plaisir de vous entendre.

– Vous vous remettez ?

– Bah... Vous avez des nouvelles ?

– J'ai mis des amis d'Interpol au parfum. Ils ont consulté les registres nationaux, et...

Je retenais mon souffle.

– Il n'y a aucun Valentin-Etienne Lorgues en France.

– Ce n'est pas possible. Vous...

– Ni en Belgique, ni en Suisse.

– C'est peut-être un nom d'emprunt. Vous... Vous avez des nouvelles de Circé ?

– De Circé « je-ne-sais-pas-son-nom-de-famille » ?

– J'ai peur, Prelati, j'ai pensé...

Je lui ai fait part de mon horrible doute.

– Intéressant, quoiqu'assez ciné. Ceci dit, j'ai mené une enquête au sujet du duplex. Il appartient à la nommée Sensa Leopardi, qui séjourne à l'étranger. J'ai pu la joindre. Vous savez ce qu'elle m'a dit ?

– Ne jouez pas avec moi, inspecteur.

– Elle n'a jamais partagé son appartement, si ce n'est avec sa sœur. Et elle ne connaît aucune Circé ni personne qui corresponde au signalement de votre ensorceleuse.

– Je ne comprends pas. C'est absurde.

– Mystérieux. En résumé, nous voilà avec deux disparitions inexpliquées. Sauf que les disparus n'existent pas ! Enfin, officiellement...

Etais-je en train de perdre la tête ? Après avoir raccroché, j'avais envie de téléphoner à Andreani, ou à Nadège et Patricia. Me convaincre que Valentin existait. Et Circé ? Y avait-il un lien entre eux ? Pourquoi ne m'étais-je davantage appesanti sur les zones d'ombres qui les entouraient ? Etait-il réaliste d'imaginer une machination ourdie dans la seule intention de me rendre fou ? Valentin me rendait-il responsable de la mort d'Ophélie ?

Je me suis dirigé vers mon bureau et j'ai commencé à noircir des feuilles, m'accrochant à ces alliées de l'écrivain comme à une bouée. Des noms, des faits que je tentais de relier, de décrypter. En vain. Alors, j'ai pris un post-it, j'ai écrit « Mais qui est donc V.E. LORGUES » ?, et je l'ai placé en évidence sur le mur. Juste au-dessus de ma table de travail, comme l'ultime objet d'une quête.

CHAPITRE QUATORZIÈME

Le fantastique,
c'est le réel regardé avec suffisamment d'attention.
(F. KAFKA)

LES JOURS qui suivirent m'ont paru interminables. Un sentiment d'altérité ou d'inadéquation me séparait du monde extérieur. Je songeais à *La nausée*, à *L'étranger*, à *La désobéissance*, proche de ces héros de Sartre, Camus ou Moravia, qui me paraissaient autrefois appartenir à une galaxie lointaine. Je ne sombrais pas dans la folie ou la boisson, la drogue ou la dépression. Par hasard ou par chance ? Parce que la charpente était solide, le système de défense me faisant passer en pilotage automatique ?

Au cœur de l'absence, Paris m'apparut fardée et glacée, comme la Foedora de Raphaël de Valentin. Et je n'avais plus la rage d'un Rastignac, pour lui asséner un formidable « Paris, à nous deux ! » J'avais le désir lâche et confus de regagner Bruxelles, son chaos architectural et la chaleur de mes amis.

Puis tout a basculé. Le 18 juillet, je me suis réveillé en apprenant le drame du Boeing de la TWA, au large de New York. On parlait d'un attentat, d'une bombe ou d'un missile, ce que laissaient entendre les analyses des premiers témoignages, décrivant une boule de feu qui se disloque. Un déclic m'a précipité vers le Nostradamus feuilleté avec mépris quelques jours plus tôt. Je me souvenais d'un paragraphe qui…

« Cinq et quarante degrés ciel bruslera,
Feu approcher de la grande cité neufve
Instants grande flamme esparse sautera. »

Trois lignes sans queue ni tête ? Non, elles ont la tournure archaïque du XVIe siècle mais semblent évoquer New York, la nouvelle York, la mégapole par excellence, située à une latitude de quarante-cinq degrés. Le ciel s'embrasera à proximité de la cité, il y aura saut (explosion ?) et scission du feu.

J'ai vacillé. En d'autres temps, je me serais contenté de sourire, amusé par la coïncidence. Mais il y avait eu la nuit au Père-Lachaise, la scène de Saint-Paul, les récits de Camille et de Valentin, d'Andreani. Mes souvenirs me tiraient par la manche et me suppliaient d'étudier Nostradamus de plus près. L'intérêt m'a insufflé un nouvel élan de vie et j'ai repris la route des bibliothèques.

Oserais-je l'avouer ? Troublé par ce que j'avais lu, entendu, vécu, je me retournais à l'improviste, je regardais les reflets dans les vitrines, m'attendant à entrevoir le visage de Lorgues.

Circé ! M'avait-il filé jusque chez toi ? Et ensuite… Circé ! Ta nuisette satinée, les jets d'eau du Tivoli, ta bouche et ton corps si…

Entre deux bibliothèques, j'ai senti la nécessité de découvrir les *Suites pour violoncelle* de Bach. Il me fallait retrouver cette mélodie exquise qui m'avait sucé l'âme, ces notes qui pouvaient me ramener le souvenir de l'aimée, ces prémices de la passion.

Devant la vitrine d'un disquaire, mon nouveau réflexe m'a conduit à l'observation discrète des passants. Je cherchais Lorgues, quand j'ai cru reconnaître un individu remarqué aux environs de mon immeuble. Je me suis retourné et il m'a dévisagé. Un bref instant, car il a continué son chemin tranquillement. Etais-je en train de sombrer dans la paranoïa ?

*

* *

Quand j'ai regagné mon petit nid, j'avais les bras encombrés d'un Père Noël, sauf qu'on était en été et que les cadeaux étaient à mon attention exclusive. Des livres sur Nostradamus (de quoi bouquiner jusqu'à la fin du monde !) et les *Suites* tant attendues, qui n'étaient pas celles de Bach mais l'opus 131 de Max Reger, un héritier tardif du grand cantor, auquel je n'aurais jamais songé sans l'aide de la disquaire.

Dans la boîte aux lettres, une enveloppe épaisse expédiée d'Italie. Un immense espoir m'a envahi. J'ai retourné l'envoi pour découvrir le nom et l'adresse de ce bon Antonino Andreani.

Après un mouvement de déception, je me suis précipité dans l'escalier, avide d'attaquer l'appétissant colis.

Mon cher Philippe,

Il va sans dire que la réception de vos deux livres et de la carte qui y était jointe m'a causé, ainsi qu'à Monica, la joie la plus vive. Nous vous en remercions de tout cœur.

Les deux volumes, que nous avons aussitôt dévorés, attestent à l'évidence, autant par la qualité de l'analyse critique des sources que par l'alacrité de la forme, que nous comptons dorénavant dans notre cercle d'amis un jeune auteur plein d'avenir. Vous me pardonnerez pourtant de ne pas m'appesantir sur les commentaires. Je compte vous les transmettre après une relecture approfondie.

Pour l'heure, je vous envoie la synthèse que j'ai pu rédiger à partir des divers ouvrages touchant de près ou de loin à ce brave évêque d'Armagh. Vous la trouverez ci-joint.

J'ai bien sûr éminemment regretté nos adieux manqués, d'autant que nous avions passé ensemble des heures aussi agréables qu'intéressantes. Mais rassurez-vous : ce n'est que partie remise.

Concernant la disparition singulière de votre compagnon, je ne sais trop que penser, ni que dire. Je vous conseillerais bien de l'oublier, ainsi que sa prétendue vision, mais je vous envoie de quoi en alimenter le souvenir ! Je m'en veux. Un peu, car la recherche, pour des gens comme nous, prime tout, ce me semble.

Toutes mes amitiés, et celles de mon épouse. A très bientôt, nous l'espérons vivement.

Il est difficile d'exprimer la satisfaction engendrée par la missive d'Andreani. Il y avait la démonstration d'amitié, bien sûr, mais surtout l'assurance que je n'avais pas rêvé, que mon escapade romaine laisserait des traces dans la suite de ma vie. La perspective aussi d'avoir un interlocuteur privilégié pour mes futures investigations, mes réflexions. Andreani et Prelati. Je ne me sentais plus seul au monde. Et mon esprit régénéré brûlait d'en découdre avec Malachie, Nostradamus et autres saint Jean.

J'ai saisi les feuillets joints à la lettre avec un appétit retrouvé.

MALACHIE

Nom d'origine hébraïque tiré du « Livre de Malachie », l'un des plus minces de la Bible. Le texte est anonyme et le nom de Malachie provient du passage « Voici que j'envoie mon messager » (« mon messager » = « mal'âkî »).

SAINT MALACHIE

Nom de baptême : O'Morgair. Né en Irlande, vers 1094, à Armagh. Devient prêtre en 1120. Choisi par son archevêque pour l'aider dans une réforme du clergé. Deviendra évêque, puis archevêque et primat d'Irlande. Après trois ans, choisit de tourner le dos aux honneurs pour se retirer dans son évêché de Connor, où il pratique humilité et charité, entouré de moines. Lors d'un pèlerinage à Rome, en 1138, il devient l'ami de Bernard de Clairvaux, s'enthousiasme pour ses idées et introduit la règle cistercienne en Irlande. Aurait souhaité se retirer à Clairvaux. A défaut, il aura la joie (si l'on peut dire) d'y mourir assisté par son cher saint Bernard, alors qu'il accomplissait un second pèlerinage vers Rome, en 1148.

VIE DE SAINT MALACHIE

Le chef d'œuvre de l'art hagiographique du XIIe siècle. Ecrit par saint Bernard lui-même, qui met en parallèle la sainte vie de son ami et celle des prélats mondains du temps. Nul doute que l'ouvrage a joué un rôle décisif dans la canonisation.

LA PROPHETIE DE SAINT MALACHIE

Apparaît pour la première fois en 1595 (soit 447 ans après la mort de saint Malachie !), dans un ouvrage publié à Venise. L'auteur, Arnold de Wion, prétend rapporter une prophétie rédigée par le saint en 1139. Le document ? Six pages qui consistent en une suite de 111 devises (courtes, en latin) qui s'appliquent aux papes, depuis Célestin II (1143-1144) jusqu'à la fin de la papauté et des temps.

ANALYSE CRITIQUE DU DOCUMENT

Pendant très longtemps, la valeur et l'authenticité du document ne semblent avoir souffert aucune contestation. Dès sa parution, le texte reçoit d'ailleurs l'aval de deux importants théologiens. Il faudra attendre près d'un siècle pour voir un jésuite élever les premiers doutes. Depuis, partisans et adversaires de la « Prophétie » se déchirent à coups d'arguments tout aussi troublants. Voyons ça d'un peu plus près.

Apparition du texte.

Etonnamment tardive. Pourquoi serait-il resté 450 ans dans les oubliettes de l'Histoire ? Comment Arnold de Wion en aurait-il eu vent ? Il ne le dit pas, ne cite aucune source, et ne mentionne nulle trace d'un manuscrit. Exhumation guère innocente, car le document commence à circuler alors qu'un conclave doit se réunir pour élire le successeur d'Urbain VII. Or, la devise du pape à venir paraît désigner un ami de Wion. Celui-ci ne sera pas élu, ce qui pourrait signifier que les cardinaux du conclave avaient flairé le coup monté.

Deux parties fort différentes.

Jusqu'à Urbain VII, les devises se réfèrent aux personnes des papes : détails des armoiries, des origines familiales, etc... Ainsi, « De la rose aux lions » va s'appliquer à Honorius IV, dont les armes figurent une rose supportée par deux lions. Après Urbain VII, changement radical : les devises se font énigmatiques et ouvrent largement le champ des interprétations. Ainsi, « Animal rural » s'applique difficilement à Benoît XIV, un pape du XVIIIe des plus savants. Mais les commentateurs de prophéties ne renoncent jamais. L'un d'eux avancera que Benoît travailla sa vie durant comme un bœuf. On rappellera qu'il a vécu durant le siècle des Encyclopédistes, annoncés par la Bible : « un jour arrivera où l'homme ne reconnaîtra plus son Créateur et sera semblable aux "bêtes sans raison". »

D'étranges anomalies.

Dans la liste, parmi les pontifes antérieurs à Wion, 8 antipapes, dont 2 seulement sont présentés comme schismatiques. Inconvenant, pour un bon catholique comme Malachie, non ? Des erreurs, aussi. Ainsi, « De sutore Osseo » désigne Jean XXII, parce qu'il aurait été le fils d'un cordonnier Ossa. Or l'Histoire a révélé que l'anecdote était fausse, ce pape appartenant à la fa-mille de Duèse ou d'Heusse. En fait, les antipapes, les erreurs que l'on peut stigmatiser chez Malachie se retrouvent dans un ou-vrage de 1557 dû à la plume de l'historien Panvinio. Pour les détracteurs de la prophétie, tout est dit : Wion a bâti la première partie de son texte en s'inspirant très largement de ce dernier.

La messe est dite ?

Le caractère apocryphe du pseudo-Malachie saute aux yeux, me direz-vous. C'est ce qu'a entériné l'« Enciclopedia cattolica » en 1951, à la rubrique « Malachie ».

Et pourtant, le débat reste ouvert.

Il se chuchote, et un grand vaticanologue s'en faisait récemment l'écho, que Jean-Paul II serait convaincu de la valeur de la prophétie et, dans la foulée, de l'imminence de l'Apocalypse. De quoi être interloqué ? Pas nécessairement, car des arguments sérieux ont redonné du crédit à la prophétie.

1. Si le document avait été fabriqué, son auteur n' aurait rédigé aucune devise sujette à caution. Or « l'axe au milieu du signe », qui s'applique au fameux Sixte Quint qui a régné juste avant Urbain VII, n'a jamais pu être élucidé.

2. Comment Wion aurait-il pu accumuler les connaissances héraldiques et historiques nécessaires aux 77 premières devises en un laps de temps aussi bref ? Pour rappel, le conclave de 1590 a duré 49 jours.

3. Si Bernard de Clairvaux ne fait aucune allusion à notre texte, il n'en déclare pas moins que « le don de prophétie ne lui fit pas défaut ni celui de la révélation ».

4. Si l'on examine sans a priori les 34 dernières devises, celles qui sont postérieures à la parution, on constate que les détracteurs du document nous ont menti. Ils ont reconnu quelques réussites, jugées comme les exceptions confirmant la règle, facilitées par la liberté d'interprétation offerte par le « langage sibyllin ». Or la moitié des devises, au moins, peut apparaître très satisfaisante. Nous allons y revenir.

5. Enfin et surtout. Comment interpréter la vertigineuse convergence des prophéties de Malachie et de Nostradamus ? Car même si Wion avait eu vent des « Centuries », cela n'expliquerait rien. Je me suis livré à d'intéressants calculs. Jusqu'à Urbain VII, 228 papes en à peu près 1560 ans (Pierre premier pape vers 30), soit une moyenne de 6,8 ans par pontificat. Au même rythme, il aurait fallu une soixantaine de papes pour atteindre l'an 2000, et Wion-Malachie n'en ont prédit que 38. Une énorme différence ! En fait, il aurait pu y avoir plusieurs centaines d'années entre les fins ultimes des

deux prophéties, et elles tendent inexorablement à se rejoindre. Un hasard ?

Quelques devises, enfin.

« Le gardien des monts » = Alexandre VII (1655-1667). Sur ses armoiries, une étoile au-dessus de montagnes.

« La bête insatiable » = Innocent XI (1676-1689). Sur ses armoiries, un aigle et un lion.

« Le râteau à la porte » = Innocent XII (1691-1700). Auparavant cardinal Pignalli del Rastello (du râteau !), ses terres étaient situées aux portes de Naples.

« Des fleurs tout autour » = Clément XI (1700-1721). Sur les armoiries d'Urbino, sa cité d'origine, une couronne de fleurs.

« L'ours rapide » = Clément XIV (1769-1774). Sur les armoiries familiales, un ours courant.

« Le pèlerin apostolique » = Pie VI (1775-1799). A une époque où les papes voyageaient peu, il s'est rendu à Vienne pour affronter Joseph II qui s'attaquait aux privilèges de l'Eglise. Plus tard, après l'entrée des troupes françaises dans Rome, il a été emprisonné et traîné sans ménagement de ville en ville, traversant l'Italie du Nord et une partie de la France, jusqu'à Valence, où il allait mourir épuisé.

« L'aigle rapace » = Pie VII ou plutôt celui qui l'a éclipsé, emprisonné, c'est-à-dire Napoléon, dont l'emblème était un aigle et le fils... l'Aiglon.

« De Balnes en Etrurie » = Grégoire XVI (1831-1846). Membre de l'ordre des Camaldules, fondé au XIe siècle à Balnes, en Toscane, l'ancienne Etrurie. Passionné d'archéologie, il installa au Vatican un musée étrusque.

« Une croix venant de la croix » = Pie IX. En voulant réaliser l'unité italienne, la Maison de Savoie (la « Croix de Savoie » dans les armoiries !) le délogea de ses Etats, lui infligeant une sorte de martyre.

« La lumière dans le ciel » = Léon XIII (1878-1903). Sur ses armoiries, une comète d'or sur champ d'azur. De plus, véritable lumière, vu ses initiatives en matière sociale et ses grandes Encycliques.

« Feu ardent » = Pie X. L'ardeur de sa foi en a fait le dernier pape canonisé. D'autre part, fin de son règne marquée par l'éclatement de la Première Guerre Mondiale, un feu qui ravage l'Europe chrétienne.

« La religion dépeuplée » = Benoît XV (1914-1922). Des millions de morts, effectivement, durant 14-18, parmi les nations chrétiennes.

« La foi intrépide » = Pie XI, le pape des missions et des combats contre le communisme et le nazisme.

«Le pasteur angélique» = Pie XII, considéré comme un modèle de pureté. S'est multiplié pour protéger les catholiques des pays de l'Est, pour resituer clairement son Eglise dans le monde moderne.

« Pasteur et nautonier » = Jean XXIII, ancien patriarche de Venise, la cité maritime par excellence.

« La fleur des fleurs » = Paul VI. Sur ses armoiries, 3 lys (la plus prestigieuse des fleurs); sur celles de sa ville d'origine, Florence, un lys rouge.

« De la moitié de la lune » = Jean-Paul Ier. Les 33 jours de son bref pontificat débutent le jour de la demi-lune et s'achèvent au milieu de la période qui sépare 2 pleines lunes.

«Du travail (ou de la souffrance) du soleil» = Jean-Paul II. Son pontificat a été marqué par d'effroyables sécheresses en Afrique. Par ailleurs, il est, fait exceptionnel, originaire de l'Est, là où se lève le soleil. Et son image n'est-elle pas celle d'un homme laborieux (ses voyages !), de plus en plus rongé par la souffrance ?

DERNIERE DEVISE.

« De gloria olivae », « de la gloire de l'olive ». L'olivier étant souvent associé à l'histoire biblique, certains évoquent un pape d'origine juive. Le cardinal Lustiger ?

ET ENSUITE...

Après la dernière devise, saint Malachie (ou Wion?) prédit la fin des temps : « Dans la dernière persécution de la Sainte Eglise romaine, siégera Pierre le Romain, qui fera paître ses brebis au milieu de nombreuses tribulations ; après celles-ci, la ville aux sept collines (Rome) sera détruite, et le juge redoutable jugera le peuple. »

Tant de devises accordées à leurs destinataires, cette

convergence inouïe. Les propos des sectes sataniques ou mariales, Ophélie, Camille, Valentin et Saint-Paul. Le Boeing de la TWA. Un simple faisceau d'élucubrations ? Le doute enflait en moi, tumeur insidieuse qui ne me laisserait aucun répit. Car je sentais que je ne pouvais ruminer paisiblement dans mon pré. Je devais essayer de comprendre. Pour Ophélie, pour Circé.

D'abord, accumuler les données, le savoir sans a priori, en respectant ces préceptes qu'Andreani avait attribués au *Matin des magiciens*.

J'ai extrait un livre de la pile d'ouvrages consacrés à Nostradamus. Je l'ai ouvert. Méthodiquement, en commençant par la première page. Un avant-propos dû à la plume de Richard Balducci. Je ne suis pas près d'en oublier les premières lignes :

Le premier ancêtre de Michel de Notre-Dame dont nous ayons connaissance à travers les écrits de Jean de Notre-Dame, frère de Nostradamus, et par la lecture des *Histoires et Chroniques de Provence* de César de Notre-Dame, fils du prophète (éditées par Simon Rigaud en 1614) est Arnauton de...

J'ai sursauté. Un malaise, suivi d'un déclic. J'ai levé la tête, lentement, plongeant les yeux sur le post-it accroché au-dessus du bureau. La tête me tournait. J'appréhendais d'immenses espaces et des hauteurs vertigineuses. Une intuition fulgurante qui précédait l'analyse et la réflexion.

J'ai relu la question qui me taraudait, « Mais qui est donc V.E. LORGUES ? », avant de retomber pétrifié sur les derniers mots du premier paragraphe de mon bouquin :

Arnauton de Velorgues, marchand de céréales d'origine juive.

Velorgues. Valentin-Etienne Lorgues, V.E. Lorgues. J'ai dévoré les lignes qui suivaient, à la rencontre de l'étonnante réalité historique. Avant de se convertir au christianisme et d'adopter un nom *politiquement correct* (judicieux, sinon vital en ces temps de fanatisme), les Notre-Dame avaient été les Velorgues, de la tribu juive d'Issachar.

Nostradamus, Notre-Dame, Velorgues. Des synonyme ! Qui avait donc partagé mon épopée ? Un mythomane ? Un prophète réclamant l'héritage du plus fameux devin ? A moins qu'il ne s'agît de la réincarnation de l'auteur des *Centuries* ?

CHAPITRE QUINZIÈME

Plus je pense à votre travail, votre création d'interprète, plus je vous admire et estime. La façon dont vous êtes entré dans la prophétie m'étonne toujours, malgré le fait que c'était la seule et l'inévitable façon de l'entreprendre.
(H. MILLER, *Lettre au docteur de Fontbrune*)

NOSTRADAMUS ? J'imaginais un vieil astrologue dévoué à Catherine de Médicis, cette héroïne sulfureuse des romans de Zévaco et Dumas. Un charlatan féru d'alchimie, de magie, dont les prophéties avaient fait fantasmer des millions d'amateurs d'ésotérisme et d'occultisme. Mais à présent, il me fallait aller au-delà des clichés.

Michel de Notre-Dame. Un homme du soleil, paradoxalement, de la belle Provence, né en 1503, décédé en 1566. Deuxième surprise : un homme brillant, qui avait accompli des études de médecine, accumulé de vastes connaissances en philosophie et en astronomie, en mathématiques, en pharmacologie. Il parlait l'hébreu et l'italien, maîtrisait le grec et le latin. Un humaniste donc, qui avait mérité l'amitié des Rabelais et autres Ronsard.

J'avais ramené tout ce que j'avais pu trouver sur le sujet, sans avoir les moyens de distinguer le bon grain de l'ivraie. Aussi mes lectures me baladèrent dans les délires d'interprètes peu scrupuleux. Tel nous annonçait que le prophète l'avait désigné pour révéler son message ; tel autre stigmatisait le complot qui avait uni nazis et Eglise catholique, à l'origine du virus du sida. Cela n'était guère sérieux, et je commençais à me dire que ma première impression était la bonne, quand je rencontrai l'œuvre de Jean-Charles de Fontbrune.

Plusieurs allusions chez ses confrères m'avaient mis la puce à l'oreille. Il semblait l'une des références absolues. Celui dont on s'inspirait, qu'on plagiait. De fait, toute sa vie était placée sous l'empreinte du devin.

En 1934, son père, le docteur de Fontbrune, avait reçu des mains d'un inconnu une copie de l'œuvre mythique. Une version intégrale, datée de 1605, de l'édition originale de 1568. Il s'était passionné pour la traduction des quatrains. En 38, il avait annoncé l'invasion de la France par l'Allemagne, mais aussi la défaite finale de celle-ci; il avait évoqué un vieillard « moqué de tous » et un « général revenu en triomphateur ». Quelques années plus tard, il était pourchassé par la Gestapo, son œuvre mise à l'index par le régime de Vichy. On imagine l'impression produite par ces événements sur l'esprit de son fils. Jean-Charles, « élevé dans la prophétie de Nostradamus », avait choisi d'y vouer sa vie.

Le premier chapitre du livre de Fontbrune balayait les clichés. Les *Centuries* n'étaient pas une auberge espagnole ni Nostradamus la Pythie de Delphes. Le langage sibyllin n'était pas là pour ouvrir à l'infini le champ des interprétations. Il répondait à de pertinentes motivations, dévoilées dans une lettre à son fils César, un texte intéressant sinon décisif :

« (...) les gouvernements, les sectes et les pays subiront des changements si opposés, voire diamétralement opposés à ceux du présent, que si je venais à rapporter *(en clair)* ce que sera l'avenir, les gens de gouvernements, de sectes et de religions, le trouveraient si mal accordé à leurs oreilles fantaisistes, qu'ils seraient amenés à condamner ce que l'on saura voir et reconnaître dans les siècles à venir. Considérant aussi la sentence du vrai sauveur : « Ne donnez pas aux chiens ce qui est sacré et ne jetez pas les perles aux pourceaux, de peur qu'ils ne les foulent aux pieds et se retournent ensuite contre vous. »

Evidemment. Allez dire aux rois que la Révolution va les balayer. Ça conduit au bûcher. En celant le sens de son texte, Nostradamus lui permettait d'échapper à une destruction assurée et le réservait à une élite susceptible de le mettre à jour quand il le faudrait. Le but ultime des *Centuries* étant de donner aux hommes, au moment où se jouera leur destin, les moyens de l'incliner en leur faveur. C'est que Nostradamus partageait les convictions de Ptolémée :

« L'homme sage dominera par-dessus les influences des planètes, lesquelles ne produisent point nécessairement leurs vertus ès corps terrestres; mais seulement les inclinant et pour ce on s'en peut garder par prudence et discrétion ».

Etait-il possible de découvrir le sens des énigmatiques quatrains ? Oui, répondait Fontbrune. A condition d'accomplir d'immenses recherches historiques et philologiques. Car Nostradamus est un homme du XVIe siècle pénétré de culture gréco-romaine. Il écrit en français ancien en pensant en latin, utilisant les ressources stylistiques des poètes antiques : aphérèse, syncope, apocope, prosthèse, épenthèse, anastrophe, etc. Il recourt à l'ablatif absolu, escamote les prépositions, des substantifs ou des verbes de mouvement, parfois les auxiliaires être et avoir. Il lui arrive aussi de franciser des mots étrangers, de cacher les noms de villes célèbres derrière ceux d'obscurs villages voisins, de raboter son texte pour conserver des vers décasyllabiques. Bref, derrière l'extraordinaire complexité de la langue nostradamique, il y aurait des règles, une logique nécessitant d'importants travaux d'approche. Un défi ardu, qui écarte les paresseux et les incompétents. Jean-Charles n'avait-il pas consacré cinq années à la seule étude du vocabulaire des *Centuries* ?

Tout cela faisait très sérieux. D'autant que le devin se moquait à l'avance des élucubrations qui entoureraient son œuvre, encourageant son fils à fuir comme la peste les pratiques magiques, erronément associées à ses visions.

Mais il y avait plus inquiétant. Nostradamus n'avait donné que deux dates en clair, ce qui laissait présager leur importance particulière. La première, 1792, devait voir la fin de la Monarchie et une *rénovation de siècle*. Une prédiction imparable, qui donnait froid dans le dos. Fontbrune en concluait que Nostradamus, catholique et royaliste, avait vu dans la Révolution et la République le début de l'agonie de la civilisation occidentale, la fin proprement dite devant survenir en juillet 1999.

La fin des temps. La psychose avait déjà frappé avant l'an mil, et rien ne s'était passé. Rien ? Je consultai la *Chronologie des civilisations* de Jean Delorme, et découvris que la fin du premier millénaire avait vu l'affrontement de Rome avec l'empereur germanique Othon III. Or celui-ci l'avait momentanément emporté, transférant sa capitale dans la Ville éternelle en 999.

Malachie, Nostradamus, saint Jean, tous participaient d'une même tradition judéo-chrétienne. Mais qu'en était-il des autres civilisations ?

J'ai lâché les quatrains pour retourner en bibliothèque. La réponse n'a pas tardé à se manifester.

Selon les penseurs grecs, l'histoire de l'humanité était divisée en cycles. Chacun durait 25.920 ans et comportait quatre âges successifs, d'Or, d'Argent, d'Airain et de Fer. Or nous étions à la fin d'un cycle complet.

Chez les hindouistes, rebelote. Nous étions à la fin de l'âge Noir, le *Kali-Yuga*, mais aussi au terme d'un *manvantara*, un cycle complet du monde.

Dans la foulée, les actuels disciples du *New Age* basaient leurs spéculations sur le fait que nous sommes arrivés à la fin de l'Ere des Poissons. Lorsque le lever du soleil à l'équinoxe de printemps passera du signe zodiacal des Poissons à celui du Verseau, nous entrerons dans le Nouvel Age, l'Ere du Verseau. De là l'idée d'une fin du christianisme, dont les deux symboles sont la croix et le poisson ; de là l'attente d'un nouveau Messie, qui, pour certains, serait déjà né.

Les convergences relevées entre Malachie et Nostradamus s'ancraient solidement dans la culture universelle. Notre ère allait-elle s'achever dans le chaos avant que ne s'ouvre un nouvel Age d'Or ? L'Apocalypse suivie du *millenium*, ces 1000 ans de félicité évoqués par le dernier livre de la Bible ?

Ebranlé par mes découvertes, j'ai ressenti le besoin de souffler et je me suis offert les *Suites* de Reger, étendu sur mon lit. Je me demandais avec qui j'aurais souhaité passer les derniers moments du Kali-Yuga. Quelques visages ont défilé puis la mélodie d'un beau matin romain m'a saisi, et l'image de Circé m'a enveloppé, mouillant les yeux d'un homme qui n'avait jamais pleuré.

J'aurais pu me lancer à corps perdu dans la lecture intégrale des devises ou des quatrains. Mais je ressentais le besoin impératif d'en savoir davantage sur la voyance.

Je me suis retrouvé face à une nouvelle pile de livres. Une fois de plus, mes premières lectures allaient mettre à mal bien des a priori.

Des voyants, on en rencontre dans toutes les civilisations, et depuis toujours. Il ne m'importait guère de parcourir l'histoire du phénomène. Je savais que pour la plupart des scientifiques la voyance n'avait longtemps été qu'une hallucination subconsciente. De fait, ils avaient réduit les médiums à des hystériques, puis à des psychotiques, des schizophrènes. La psychanalyse et sa théorie de l'inconscient, avaient ouvert de nouvelles perspectives d'interprétation. Freud lui-même avait buté sur le problème de la télépathie, finissant par y croire fermement.

Où en est-on à présent ? Elisabeth Laborde-Nottale, psychiatre et psychanalyste, a établi un profil-type des voyants. Ceux-ci ne seraient pas nécessairement des cas pathologiques. Par contre, ils auraient tous connu des expériences traumatisantes dans leur petite enfance. Mort d'un proche, séparation d'avec la mère, viol... Des drames aggravés par le non-dit, un entourage avec lequel il était très difficile de communiquer. La voyance n'apparaîtrait pas comme un don mais comme une ressource particulière de l'être humain dont il n'aurait d'habitude ni la conscience ni l'usage. Un phénomène compensatoire, qui rappelle le cas des aveugles développant avec une acuité étonnante leurs autres facultés sensorielles. En fait, à la suite d'un traumatisme, le futur voyant subirait une régression qui le ramènerait à la phase originelle, celle de la relation fusionnelle avec la mère, avant l'individuation. Par la suite, il conserverait une prédisposition pour la fusion et donc une perceptivité extraordinaire à l'égard du matériel psychique d'autrui. Notamment grâce à la lecture automatique et inconsciente de la micromimique, ce geste qui apporte à notre insu quantité d'informations sur notre identité, notre caractère, nos intentions, nos humeurs. Par corollaire, le voyant aurait un problème d'identité, qui se manifesterait notamment par la féminisation et l'homosexualité fréquentes des médiums masculins. De plus, pénétrer dans la pensée d'autrui lui ferait craindre sa propre perte d'intimité, et les supports, comme la boule de cristal ou les tarots, seraient des garde-fous, une manière d'établir symboliquement une césure entre la pratique professionnelle et un retour à une véritable vie privée. Ils seraient, en plus, évidemment, une technique de mise en condition.

L'interaction avec une pathologie ou un vécu est une chose, l'existence de capacités sortant de l'ordinaire en est une autre. Ces dernières décennies, des chercheurs (américains, russes, français...) se sont livrés à de multiples expériences relatives aux facultés parapsychologiques. Les résultats ? Contradictoires, selon les laboratoires, mais suffisamment probants pour que des budgets militaires y soient alloués. Des rumeurs ont fait état de développements considérables dans le plus grand secret, mais les enquêtes journalistiques qui s'y sont attaquées n'ont pu apporter aucune conclusion définitive.

Ce qui est certain ? Le secteur est en plein boum. Et partout dans le monde. Chez nous, il y aurait autant de voyants officiels que de médecins généralistes ! De plus, aux pratiques ancestrales s'ajoutent aujourd'hui les techniques dans le vent que les adeptes du New Age vulgarisent chaque jour davantage : décorporations, *chanelling* (communication avec des entités de l'au-delà), chamanisme (voyages dans d'autres plans de conscience, de réel)...

Je me faisais une nouvelle idée du problème. Ainsi l'image du voyant escroc avait-elle volé en éclats. La plupart des médiums sont sincères et n'ont pas choisi le métier pour l'appât du gain. Comme dans le cas de nombreux thérapeutes, c'est une manière de remédier à leurs manques, un désir de faire profiter autrui des savoirs acquis par l'expérience.

Par ailleurs, ce que je savais d'Ophélie et de Valentin était en adéquation avec les informations digérées. Et j'en arrivais à reconsidérer le rôle de Lorgues dans mon histoire, me rappelant à quel point il avait pu, parfois, me paraître d'une sincérité bouleversante.

Durant plusieurs jours, je suis demeuré claquemuré dans mon appartement, et j'ai lu, lu, lu. Les seules pauses que je m'octroyais étaient pour Reger, comme un rituel magique capable de susciter l'« éternel retour ». J'imaginais que Circé allait se recomposer devant mes yeux rougis par l'insomnie et l'étude.

J'ai découvert des dizaines d'histoires de voyants.

Il y avait cette ouvrière russe électrocutée en 1978, qui s'était mise à saigner au moment de son autopsie. Amenée d'urgence en réanimation, elle y était restée six mois entre la vie et la mort. Quand elle avait quitté l'hôpital, le moindre effort l'épuisait, sa vue avait fortement baissé, mais elle pouvait « désormais voir à l'intérieur des corps » et diagnostiquer les maladies les plus complexes. En très peu de temps, cette pauvre femme était devenue une célébrité publique, étudiée par les scientifiques, consultée par les hommes politiques.

Un autre cas fascinant, celui de Morgan Robertson. En 1898, cet obscur auteur avait publié son plus grand succès, *Le naufrage du Titan*. Il y était question d'un navire insubmersible, le plus imposant de la flotte britannique, entreprenant un premier voyage qui se terminait tragiquement : au mois d'avril, le vaisseau heurtait un iceberg et coulait au fond de l'Atlantique, entraînant avec lui les deux tiers de ses trois mille passagers. Cela ne vous dit rien ? Quatorze ans plus tard, au mois d'avril 1912, le *Titanic* disparaissait dans des circonstances quasi identiques. Les caractéristiques des deux navires se recoupent, le nombre des passagers et des disparus, des canots disponibles. Or Robertson, en écrivant cette nouvelle, s'était senti inspiré comme jamais. Les détails du récit, les phrases s'étaient imposés à lui comme une évidence. Une clairvoyance ?

Plongeons au XVe siècle à la rencontre de Mother Shipton, une légendaire voyante anglaise, à laquelle on devrait ces prédictions publiées en 1548 :

« Les voitures iront sans chevaux,
Les accidents désoleront le monde.
Les pensées voleront autour de la terre
Durant le temps d'un clin d'œil.
Le monde sera renversé.
On trouvera l'or au pied d'un arbre
L'homme passera au travers des montagnes
Sans qu'il ait besoin de cheval
Et il ira aussi sous l'eau,
Marchant, dormant et conversant.
On le rencontrera dans l'air
Vêtu de blanc, de noir et de vert.
Sur les eaux le fer flottera
Aussi bien qu'un bateau de bois.
Beaucoup d'or sera mis à nu
En pays encore inconnu.
Le feu et l'eau feront miracle.
Tous les fils d'Angleterre qui labourent la terre.
Souvent on verra un livre à la main.
Le pauvre, alors, saura beaucoup de choses. »

Des prédictions sur les découvertes modernes qui laissent rêveur, comme cette inscription du XVe gravée sur une stèle du cimetière de Kirby :

« Quand les images sembleront vivantes avec des mouvements libres,
Quand les bateaux, comme les poissons, nageront sous la mer,
Quand les hommes, plus rapides que les oiseaux, fendront le ciel,
Alors la moitié du monde sera plongée dans le sang. »

Une nouvelle convergence ?

Et je pourrais continuer l'énumération de cas plus passionnants les uns que les autres : l'assassinat du président Kennedy publié avant son élection, la rencontre d'un éminent professeur d'assyriologie avec un prêtre chaldéen venu du fond des âges pour l'aider à conclure ses recherches, la prophétie de Cazotte...

Des éclairs de lucidité me faisaient comprendre que j'avais répondu au chant des sirènes, et il était trop tard pour m'emplir les oreilles de cire.

Je suis retourné aux quatrains de Nostradamus, me laissant guider par le docte Fontbrune au cœur d'un labyrinthe philologique où j'appréhendais de découvrir le Minotaure.

Soudain, alors que je parcourais les *Centuries* avec une satisfaction intermittente, un déclic s'est opéré en moi. J'ai tout laissé tomber pour rechercher fébrilement mes retranscriptions des visions d'Ophélie et de Valentin.

CHAPITRE SEIZIÈME

Il n'est pas de brouillard, comme il n'est point d'algèbres
Qui résistent, au fond des nombres et des cieux,
A la fixité calme et profonde des yeux.
(V. HUGO, *La Légende des siècles*)

J'AI POSÉ les deux documents côte à côte sur mon bureau. Aiguisé par des journées d'étude, mon esprit me semblait un foyer formidable, un lieu d'embrasement rituel. Je me dépassais.

J'ai planté les yeux dans l'étrange paragraphe débité par Valentin sous les niches de Saint-Paul.

« Vémard le géant tout abandonna
pour courir après l'Egyptien
qui ainsi se doit près de la république disparut
déjà mort une fois aux côtés d'Hadrien. »

Lorgues et Nostradamus. Ces lignes n'avaient-elles pas des allures de quatrain des *Centuries?* Vaguement, sans doute. Mais si je relisais en appliquant les principes énoncés par Fontbrune...

Vémard le géant. Valentin et moi nous étions demandé de quel géant il s'agissait. Mais à présent, je songeais à l'ablatif absolu, à l'absence de prépositions, aux inversions et autres phénomènes de la langue latine; à l'importance des noms géographiques qui, chez Nostradamus, donnaient souvent la clé d'interprétation.

Alors ? A Vémard, le géant ? Le géant de Vémard ?

Vémard ? Aucun lieu de ce nom. Mais s'il était question de Weimar ? Une ville rendue célèbre par la république du même nom, proclamée après la Première Guerre Mondiale et l'abdication de Guillaume II. Je saisis le dictionnaire qui traînait à portée de main.

Une ville d'Allemagne orientale. Maisons de Goethe et Schiller. Jusqu'au début du XXe, grand éclat artistique et intellectuel, favorisé par la présence des susdits auteurs, des Wieland et autres Herder.

Goethe ? Un postulant fort honorable. Je tournai les pages de mon *Petit Robert*.

Goethe. 1749 – 1832. Un homme qui a dominé la vie littéraire allemande durant plus de cinquante ans. L'auteur d'immortels chefs-d'œuvre. Des études de droit, des amours innombrables, une passion pour l'occultisme et la magie. Appelé à Weimar pour remplir d'importantes charges administratives, finira ministre et anobli. *Vémard le géant* ?

Lassé d'être devenu au fil des années « une pièce cousue dans l'administration d'un Etat et d'une famille princière », il décide de rompre les amarres, de prendre le large. Direction plein Sud, l'Italie et la Ville éternelle (1786-1788). *Tout abandonna* ?

Nulle trace d'Egyptien, cependant.

J'ai cherché l'intégrale de Goethe. Deux tomes de *La Pléiade* achetés en souvenir de Laure, qui adorait *Wilhelm Meister*. Dans l'introduction du *Théâtre complet*, une découverte. Durant son voyage en Italie, Goethe s'était rendu en Sicile pour visiter la famille du fameux comte de Cagliostro. Une enquête destinée à mieux cerner la personnalité du héros de l'Affaire du collier, un drame qui avait passionné notre ministre allemand, lui inspirant une pièce : *Le Grand Cophte*. Cophte, c'était presque copte, ce qui signifie EGYPTIEN !

J'ai cherché fébrilement la notice relative à la pièce.

Le Grand Cophte. Cagliostro s'était paré lui-même d'un vocable qui ne voulait rien dire, si ce n'est par son association immédiate avec un faisceau de réminiscences égyptiennes. De fait, il prétendait avoir été initié aux mystères égyptiens sous les pyramides, y avoir été investi par le Grand Cophte, son esprit tutélaire. *Pour courir après l'Egyptien* ?

Il avait fondé plusieurs loges maçonniques au cours de ses voyages. Des loges ? Je repensai aux « silhouettes masquées qui se concertent, aux cérémonies étranges issues de mondes oubliés ».

L'Affaire du collier et la Révolution ? Je songeai aux « fils », aux « marionnettes » des deux visions ; aux « têtes qui tombent par centaines, à la masse informe où se mêlent ténèbres et lumières, des idéaux et des scandales, d'hallucinants mensonges »...

Mon interprétation des deux premières lignes tenait la route. Il me fallait investiguer encore pour comprendre les lignes trois et quatre, mais j'étais content de moi. Même si je ne comprenais pas ce que Goethe et Cagliostro venaient faire dans l'aventure.

Avec le comte de Saint-Germain, le chevalier d'Eon ou Giacomo Casanova, Alexandre de Cagliostro avait été l'une des figures les plus fascinantes d'un XVIIIe siècle qui n'en manquait pas.

Il était apparu sur le devant de la scène en juillet 1776, à Londres, surgissant du néant en compagnie d'une épouse aux allures de sex symbol. Impliqué dans une affaire d'escroquerie, il avait dû quitter la perfide Albion pour se lancer dans un étonnant tour d'Europe. Partout, ou presque, il avait reçu un accueil triomphal. La franc-maçonnerie était à la mode, et notre homme pouvait s'enorgueillir de grades élevés qui lui ouvraient les portes des plus riches demeures. En cours de pérégrinations, notre homme avait fondé sa propre loge, le Rite égyptien, qu'il voulait imposer à l'Europe entière. Pour ce faire, il cherchait des appuis et tentait de séduire par ses connaissances occultes : conférences, évocations de défunts, voyances à l'aide de jeunes médiums, fabrication d'or. Parallèlement, se conformant aux préceptes de la Rose-Croix, il consacrait une partie de son temps à soigner et à secourir, sans jamais accepter le moindre argent des plus démunis. Avec succès, de nombreux procès-verbaux l'attestent.

Cagliostro avait fini par s'installer en France, où il était devenu l'ami intime du cardinal de Rohan. C'est alors qu'il s'était trouvé impliqué dans le plus célèbre scandale de l'Histoire : l'Affaire du collier.

Au cœur de l'intrigue, Jeanne de La Motte, une aventurière aussi séduisante que dénuée de scrupules. Découvrant la passion de Rohan pour Marie-Antoinette, elle va lui faire croire que celle-ci est partagée (correspondance fictive, rendez-vous nocturne avec un sosie de l'Autrichienne), l'amener à acquérir le collier sans égal dont rêverait la souveraine. On devine que le bijou disparaît entre les mains de La Motte, mais l'affaire est éventée. Les intrigues attribuées au cardinal et à la reine provoquent un énorme scandale. Rohan se retrouve embastillé, de même que Jeanne qui dénonce Serafina et Alexandre Cagliostro, dont elle fait le cerveau caché du complot.

L'opinion publique se passionne pour les mémoires rédigés par les principaux accusés et leurs avocats, et commence à gronder contre l'arbitraire royal. A l'issue d'un procès délirant, Rohan et les Cagliostro sont innocentés sous les applaudissements du peuple parisien. La reine, ridiculisée, est plus impopulaire que jamais. L'Ancien Régime, contesté, poursuit le Grand Cophte de sa rancune. On le chasse du pays, puis on soudoie un journaliste qui multiplie les articles incendiaires. En fouillant le passé de l'aventurier, celui-ci parvient à l'identifier au gredin sicilien Giuseppe Balsamo.

Au mépris de toute prudence, Cagliostro retourne à Rome, le siège de la papauté, ennemie mortelle des maçons, de l'Inquisition. Quand la Révolution éclate en France, l'Eglise dénonce le rôle des sociétés secrètes. Or, au lieu de déserter les lieux, Cagliostro brave chaque jour davantage les autorités vaticanes, jusqu'à ce que celles-ci s'emparent de lui.

Expédié au château San Angelo, le mage y restera seize mois, désespéré par la trahison de Serafina, passée aux aveux.

Le 20 avril 1791, il se retrouve à San Leo, à proximité de Rimini, une forteresse désolée au cœur des Apennins. Il passera trois ans dans une citerne obscure puis, le 26 août 1795, il sera emporté par une crise d'apoplexie.

Officiellement, du moins, car la rumeur se répandit qu'il avait été étranglé par des gardiens excédés par ses lamentations. Un autre bruit annonça qu'il avait réussi à s'échapper après avoir tué son confesseur.

J'avais lu plusieurs ouvrages sur Cagliostro-Balsamo, et j'en étais sorti enfiévré. Le Rite égyptien confirmait la piste. Et cette disparition finale du mage, à San Leo, soit près de Saint-Marin, l'un des plus anciens Etats d'Europe, la république par excellence, vu qu'il avait épousé ce statut dès le XIIIe siècle. Et l'allusion à Hadrien : Cagliostro était mort une première fois quand il avait appris la trahison de sa femme, une mort morale qui lui avait fait perdre l'esprit et qui avait eu pour cadre le mausolée d'Hadrien, reconverti en château San Angelo.

D'autres éléments me fascinaient. La prison de San Leo avait été détruite par des soldats de la Révolution, qui avaient inhumé la dépouille de leur idole. Pour lui rendre hommage, ils n'avaient pas hésité à boire dans son crâne. Comme dans la vision de Valentin.

Lors des troubles qui avaient précédé l'arrestation du mage, la police avait découvert une prophétie annonçant la chute imminente des Etats pontificaux. Ce qui renforçait l'assimilation Révolution/Apocalypse.

Il y avait aussi ce dernier voyage de Cagliostro, qui s'apparentait à un *remake* de la passion du Christ. Il était venu à Rome comme Jésus à Jérusalem, désireux de répandre une bonne nouvelle, méprisant le danger mortel qui l'entourait. Il avait connu la trahison de Judas (Serafina), le reniement de saint Pierre (quelques amis), enfin et surtout un procès inique et une condamnation, un martyre scandaleux. Même sa montée vers San Leo avait des allures de Golgotha. Etrange.

Dans toutes ces prophéties, il était question de retours aux alentours de l'Apocalypse. Jésus pour saint Jean, Pierre pour Malachie, un avatar de Vishnu pour les hindouistes, un nouveau Messie pour le New Age. Or, si la fin de notre ère commençait avec la Révolution, si Cagliostro en avait été le déclencheur occulte, ne pouvait-on concevoir qu'il revienne achever son entreprise ?

A vrai dire, la plupart des biographes considéraient qu'il n'avait rien à voir avec l'Affaire du collier. Beaucoup le jugeaient avec sympathie, soit comme un charlatan inoffensif, soit comme l'une des lumières de son temps, un guérisseur et un initié d'envergure. Mais s'ils se trompaient, menés en bateau par un être d'une machiavélique duplicité ?

Un ouvrage détonnait au milieu des couronnes de louanges, celui d'un certain Clovis de Saint-Rémy. J'ai pris mon téléphone, appelé d'anciens éditeurs et obtenu les coordonnées du gaillard. Par chance, il habitait Paris. Je me suis dit qu'il apprécierait de partager avec un collègue le fruit d'investigations marginales.

CHAPITRE DIX-SEPTIÈME

Depuis des années (...) des ouvriers travaillaient, consciemment ou non, à préparer 1789; les conditions nécessaires, les efforts s'accumulaient. On avait semé, peiné; la récolte approchait. Mais la moisson ne commence que lorsque le Maître, en entrant dans son champ, donne le premier coup de faucille au blé mûr. (M. HAVEN)

LE MÉTRO m'avait amené place des Abbesses, en plein cœur de Montmartre. De là, j'ai gagné la place du Tertre, cet air de village en plein Paris. Je ne pouvais m'empêcher d'accrocher mon regard aux petites maisons et aux arbres qui exhumaient des effluves d'un autre temps. Je tournais sur moi-même en goûtant le soleil, la beauté, la vie. Je regardais cette foule qui vaquait à ses occupations sans s'émouvoir du sort prochain de l'humanité.

Mon euphorie incongrue s'évanouit dès que je remarquai un quadragénaire grand et musclé en complet bleu. Nos regards s'étaient croisés, je l'aurais juré, et il me semblait reconnaître l'individu que j'avais aperçu un peu trop souvent depuis mon retour à Paris. Encore un hasard, ou devais-je admettre que j'étais suivi ?

Je tentai de me fondre dans la masse des passants et me mis à courir dès l'entrée de la rue du Mont Cenis. Je recoupai plus loin en direction du Sacré-Cœur, puis me dirigeai vers le domicile de mon confrère, convaincu d'avoir lâché l'importun.

Je dus sonner deux fois avant qu'un petit vieillard alerte daignât venir aux nouvelles, entrouvrant une porte protégée par une chaîne et quelques verrous. Des cheveux clairsemés en broussaille et une barbiche mal coupée de savant fou, mais la mine était peu engageante.

– Monsieur de Saint-Rémy, fis-je avec aplomb, je ne suis pas venu vous entretenir de Jéhovah, mais de Cagliostro !

*

* *

– Ainsi, vous avez apprécié mon *Cagliostro* ? s'exclama Clovis de Saint-Rémy avec un sourire cauteleux. Ça fait plaisir, car je prêche dans le désert.

Je regardai autour de moi, déconcerté par le bric-à-brac qui m'encerclait. Mille et un bibelots, des objets ramenés de partout. Des masques démoniaques de fêtes bouddhiques, une flûte de pan andine, un tam-tam africain, de vieux croquis des plus beaux coins de Paris, des photos de music-hall, des canopes égyptiens, des papyrus, des roses des sables, des planches originales de *Zig et Puce* et du *Don Bosco* de Jijé, un vase étrusque, un casque de uhlan, un harpon... Sherlock Holmes miniature, j'en déduisis que notre hôte avait beaucoup voyagé et qu'il était célibataire. Quelle femme aurait accepté de voir son salon transformé en musée ?

En d'autres temps, je me serais aventuré à poser des questions sur une existence sans doute passionnante, mais j'avais suffisamment de pain sur la planche.

– C'est honteux, repartit Saint-Rémy. Ce Marc Haven, hier, et Ribadeau-Dumas, aujourd'hui, on dirait qu'ils veulent canoniser le sieur Balsamo. Et les autres, comme des moutons de Panurge, de leur emboîter le pas. Mais vous me disiez que vous aviez des révélations à me faire ?

– Si vous m'aidez, je promets de vous remettre un jour prochain des documents qui vous intéresseront.

– Dites-en davantage tout de même.

– Vous croyez aux phénomènes paranormaux ?

– Evidemment. C'est comme les extraterrestres. Le sceptique qui entreprend des recherches finit par être convaincu qu'il y a quelque chose qui nous échappe. Et j'ai exploré le terrain, vous pouvez m'en croire. Mais ça nous éloigne de notre sujet.

– Soit. J'ai réceptionné les visions de deux médiums. Des proches, qui me paraissaient sincères.

– Et... ?

– Elles semblent tourner autour de l'Apocalypse et de votre Cagliostro.

– Très intéressant, et inquiétant. Vous recoupez les conclusions alarmistes de mon livre. Vous pourriez me fournir les textes ?

– Quand j'aurai mené à bonne fin l'enquête qui m'amène chez vous.

Clovis de Saint-Rémy s'enfonça dans son rocking-chair et croisa les doigts à la manière d'un président de commission. Il me considérait comme un disciple potentiel et jouissait à l'avance de sa partition, retrouvant un rôle de chef d'orchestre qui devait lui échapper chaque jour davantage.

– Deux questions surplombent l'épopée du comte de Cagliostro, commença-t-il solennel : qui et pourquoi ?

– Mais, coupai-je surpris, tout le monde est d'accord pour Giuseppe Balsamo !

– Presque tout le monde, corrigea le vieillard agacé. Mais ça ne résout pas le problème. Que Cagliostro soit Balsamo ou pas importe peu, car ce n'est jamais qu'une étiquette, une enveloppe. Mais je vais trop vite. Voyons plutôt comment lui-même se présentait dans le mémoire rédigé à l'occasion de son procès parisien.

Saint-Rémy avait attrapé l'un des livres posés sur la table basse qui nous séparait.

– *Je ne suis d'aucune époque ni d'aucun lieu*, lut-il à la manière d'un grand prêtre d'Amon. *En dehors du temps et de l'espace, mon être spirituel vit son éternelle existence, et si je plonge dans ma pensée en remontant le cours des âges, si j'étends mon esprit vers un mode d'existence éloigné de celui que vous percevez, je deviens celui que je désire*. Plus loin : *moi, je suis celui qui est...* Comparez avec cet extrait du *Livre des morts* égyptien : *Je suis l'Hier. Je suis l'Aujourd'hui. Je suis le Demain. Mon Nom est mystère*. Edifiant, non ? Et cette autre sortie, lors du procès : *Je suis un noble voyageur*. Mythomanie, démence, charlatanisme à la mode orientale ? Que nenni. Des assertions capitales, débitées avec l'assurance d'un être qui les sait inaccessibles au commun, réservées aux seuls initiés. Car nous avons là une admirable définition du Supérieur Inconnu de la Rose-Croix. Ce que confirme l'emblème du comte, un serpent traversé d'une flèche qui se lit SI, les initiales de *supérieur inconnu*. Mais attention, quand je dis Rose-Croix, je ne parle pas de la fraternité née vers la fin du XVIe siècle. Car celle-ci n'est qu'une émergence, parmi d'autres, d'un mouvement plusieurs fois millénaire. Comme la partie à peine visible d'un immense iceberg ésotérique. Mais là aussi les mots disent tout. Que signifie le terme « Rose-Croix » ? Chez les gnostiques, la rose symbolise le silence. Vous voyez où je veux en venir ?

J'esquissai un hochement de tête, alors que je me noyais sous les vagues d'un assaut verbal aux accents de *delirium tremens*.

– La Rose impose le silence à la Croix du Christ, c'est-à-dire à son œuvre de Rédemption. Une perspective abyssale, non ? Mais remontons le cours du temps. Figurez-vous que des passages des *Noces chimiques* de Christian Rosenkreutz (l'une des bibles rosicruciennes) se retrouvent dans *Le Songe de Poliphile*, le livre de référence de la Société Angélique, à laquelle Rabelais fut sans doute affilié. Oui, le grand François qui, dans son *Pantagruel*, rend un hommage au *Viet d'Aze*, une expression provençale qu'on peut traduire par *Visage d'âne*. Vous voyez où je veux en venir ?

Hagard, je marquai avec regret mon incompréhension.

– Réfléchissez ! Seth, le dieu égyptien à tête d'âne, l'ennemi d'Osiris et de l'ordre, de la création. Seth rejeté dans le désert, qui rumine chaos et vengeance, entouré de créatures monstrueuses.

– Une préfiguration de Satan, comme Osiris partage bien des similitudes avec Jésus.

– Bravo. Encore que préfiguration... Mais j'en reviens à la Rose-Croix qui va ensemencer la franc-maçonnerie, l'illuminisme ; que précèdent la Société Angélique mais aussi les Templiers, les Chevaliers de Malte et tant d'autres cercles initiatiques égyptiens, grecs, hébraïques. Et quel est le but final de ces sociétés ? La mise à bas de la papauté chrétienne et de la monarchie ; l'avènement d'un millenium païen. Vous comprenez où je veux en venir ?

Je dévisageai mon hôte d'un air hébété, me demandant si j'écoutais le récital d'un dément névrosé ou la révélation copernicienne d'un sens profond des affaires du monde.

– Comme l'a dit le franc-maçon Oswald Wirth : « Le serpent, inspirateur de désobéissance, d'insubordination et de révolte, fut maudit par les anciens théocrates, alors qu'il était en honneur parmi les initiés ». Dès le Jardin d'Eden, l'humanité s'est trouvée confrontée à un choix cornélien : la soumission au Créateur ou la révolte. De là, le sens des mystères antiques : égaler Dieu, retrouver les pouvoirs dont l'homme avait été doté avant la Chute.

– Mais Cagliostro ? risquai-je en profitant d'un débit ralenti.

– « Je suis celui qui est » n'est-il pas explicite ? Une parodie du « *Ego sum qui sum* » de l'épisode du Buisson ardent. Songez à sa fin : une parodie également.

– De la Passion du Christ. Oui, j'y avais pensé. Mais son implication dans l'Affaire du Collier ?

– Rappelez-vous. L'objectif du complot millénaire : renverser le Trône et l'Autel. Et qui est traîné dans la boue ? Une reine et un cardinal, pardi !

– On l'a innocenté.

– Le Parlement était hostile à la monarchie, et c'est lui qui juge l'affaire. Pensez aux peines dévolues aux coupables. Rétaux de Villette, qui a contrefait l'écriture de Marie-Antoinette, est exilé ; la prostituée qui s'est fait passer pour la reine est acquittée. Quelle clémence, en des temps moins laxistes que les nôtres ! Il y a pire. Jeanne de La Motte se retrouve en prison, soit. Mais elle est visitée par les sœurs d'une loge féminine. Et s'évade peu après. Comme par hasard. On la retrouve en Angleterre où elle semble avoir été assassinée. Mise en scène ! Des années plus tard, elle est en Russie et finira sa vie en Crimée. Ça donne le vertige, non ?

– Rétaux a innocenté le Grand Cophte.

– Un incroyable retournement de veste, attribué naïvement aux facultés de suggestion du mage. N'a-t-on pas découvert le nom de Rétaux sur les listes de la fondation de la Loge égyptienne ? N'a-t-il pas été démontré que notre faussaire avait donné des dates erronées pour son séjour parisien, afin qu'il ne puisse coïncider avec la venue de son leader occulte ?

– Mais comment expliquer que Balsamo, un gredin sans envergure, ait pu devenir cette arme absolue que vous décrivez avec assurance ?

– Nous voilà au cœur du problème. Libre à vous de me suivre ou non. Pour ma part, il ne fait aucun doute que l'individu Balsamo a été choisi pour ses dons et son ascendance. D'un côté, des connaissances en pharmacopée, un talent de faussaire hors pair ; de l'autre, une famille pauvre, certes, mais apparentée à de hauts dignitaires de l'Ordre de Malte. Recruté par son oncle, il va être couvé à La Valette par le Grand Maître lui-même. Plus tard, en Angleterre, au contact d'initiés de diverses obédiences, il peaufine sa formation et finit par être investi. Oui, investi par une entité spirituelle étrangère qui dorénavant *agira* le corps Balsamo, et c'est cet esprit, ce djinn, comme disent les orientaux, qui va réaliser l'épopée Cagliostro.

– Une théorie sulfureuse, osée.

– Vous voulez dire fantaisiste ? Mais non. Il ne faut pas raisonner avec nos yeux d'occidentaux stérilisés par le matérialisme. Quiconque a vécu en Orient sait que ces phénomènes y sont acceptés naturellement. Avez-vous lu Alexandra David-Néel ?

– Je connais de réputation : une Parisienne intrépide qui a passé des dizaines d'années à parcourir l'Inde, la Chine et le Tibet.

– La première femme à pénétrer dans la cité sainte de Lhassa. Dans l'un de ses ouvrages...

Clovis de Saint-Rémy se leva avec une vivacité peu ordinaire pour un homme de son âge. Il se dirigea vers la bibliothèque qui couvrait deux pans de mur, se faufilant entre les armures médiévales qui en protégeaient l'accès. Là, guidé par les mentions de rubriques apposées aux étagères, il repéra ce qu'il cherchait et revint s'enfouir dans son rocking-chair.

– Voilà. « D'après la croyance populaire, un "tulkou" est, soit la réincarnation d'un saint ou d'un savant défunt, ou bien l'incarnation d'un être autre qu'humain : dieu, démon, etc. »

– Dans le cas de Cagliostro, il n'y a aucune preuve de...

– Je pourrais vous rappeler les phrases du *Mémoire*, qui s'appliquent à un cas de ce genre.

– Mais vous parliez de Rose-Croix.

– Parce que la pérennité des Supérieurs inconnus rencontre la même origine. Il y a aussi ses ultimes séances de magie. Un témoin a rapporté que le comte s'était présenté comme immortel et antédiluvien. Vous voyez où je veux en venir ? Il se rattache à l'état du monde qui précédait le Déluge, le châtiment envoyé par Dieu après la corruption généralisée qui a suivi la chute de Satan et d'une partie des anges. C'est dire combien il s'ancre dans la Tradition Primordiale de subversion de l'œuvre du Créateur. Comme un sbire du *Prince de ce Monde*, de l'*Ennemi*, de *Satan-Seth*.

Saint-Rémy releva la tête vers moi, triomphant. Devant ma mine incrédule, un rictus sinistre lui traversa le visage.

– Vous n'êtes pas convaincu ? Je vous passe mille autres indices qui n'auraient point raison de votre scepticisme, comme cette conviction de plusieurs témoins que le captif de San Angelo n'était plus que le fantôme de Cagliostro.

– Après les tortures, les trahisons...

– Soit. Mais le Grand Cophte lui-même a désigné l'une des identités investies par l'entité qui le dominait : Frédéric Gualdo. Des recherches ont confirmé qu'il s'agissait d'une célébrité des milieux ésotériques, quelqu'un qui, selon la rumeur, aurait vécu quatre cents ans !

– Un précurseur des Cagliostro et autres Saint-Germain ? Mais...

– J'ai gardé le meilleur pour la fin. La découverte d'un spécialiste de l'histoire de l'occultisme, Robert Amadou. Des documents datant de 1644 attestent le passage à Toulouse d'un chevalier d'origine sicilienne, qui se met au service des malades, avec de nombreux succès et sans réclamer le moindre salaire. Au contraire, il fait la charité. Sa réputation de bienfaiteur l'a apparemment précédé, car il serait connu en Italie, en Espagne, en Suisse et en Allemagne. Ajoutez-y quelque allure matamoresque, et vous avez...

– ... un portrait craché de notre comte. Mais...

– Le nom du personnage est consigné dans le document. Il s'agit d'un certain Joseph Balsamo.

J'étais soufflé.

– Ah, vous commencez à comprendre. Mais revenons aux relations de notre démon avec la Révolution. Je vais vous lire un passage de sa *Lettre au peuple français*, expédiée après l'Affaire du collier. Au lieu de se tenir tranquille, trop heureux d'avoir échappé aux geôles sinon à la mort, notre Sicilien s'attaque au gouvernement de la France.

Saint-Rémy se pencha une nouvelle fois vers la pile de livres posée sur la table basse.

– Ecoutez ça : « Quelqu'un me demandait si je retournerais en France, dans le cas où les défenses qui m'en écartent seraient levées. Assurément, ai-je répondu, pourvu que l a Bastille soit devenue une promenade publique. Dieu le veui lle ! Plus loin : Il est digne de vos Parlements de travailler à ce tte heureuse révolution. Elle n'est difficile que pour les âmes faibles. Qu'elle soit bien préparée, voilà le secret. Ou encore : Je l'annonce ! Il régnera sur vous un Prince qui mettra sa gloire à l'abolition des lettres de cachet, à la convocation des

Etats Généraux et surtout au rétablissement de la vraie religion ». La vraie religion ? Je dois vous faire un dessin ? Et sa rencontre à Francfort avec les Illuminés de Bavière, des anarchistes voués au chaos universel ? Et les écrits du marquis de Luchet, un ami de Voltaire qui a dénoncé...

Clovis de Saint-Rémy a continué à pérorer durant plusieurs minutes, mais je n'écoutais plus, accablé par l'impression poisseuse d'une gigantesque toile d'araignée jetée sur mon univers. Et je me rappelai soudain l'homme au complet bleu.

– C'est troublant, fis-je en me levant.

– Je vous ennuie ? s'étonna le vieillard irrité.

– Que du contraire ! Vos révélations m'inquiètent. D'autant que j'ai eu l'impression d'être suivi. Vous permettez que je jette un coup d'œil par la fenêtre ?

– Surtout pas ! bondit Saint-Rémy. Suivez-moi au grenier.

– Je suis trop impressionnable.

– Prudent, mon cher. Et vous avez raison. Ne dit-on pas dans certains milieux ésotériques que Cagliostro serait toujours parmi nous ? Venez.

Mon hôte me fit traverser sa caverne d'Ali Baba. Derrière une porte à doubles battants se cachait un escalier fort raide qui me rappelait les tours médiévales. Au bout d'une pénible montée, nous atteignîmes un grenier aménagé en cabinet d'étude. Des grimoires, des symboles cabalistiques, une vieille machine à écrire et un télescope, vers lequel se dirigea mon hôte.

– Tenez, regardez si vous apercevez quelque chose de suspect.

Je saisis maladroitement l'engin et mis quelques dizaines de secondes à l'orienter de manière adéquate. Puis je balayai la rue avec un mélange d'espoir et d'anxiété. J'allais renoncer quand j'entrevis une silhouette remuer à l'angle de la rue. C'était l'homme au complet bleu.

– Je n'avais pas rêvé.

– Passionnant ! s'exclama celui qui nourrissait déjà la matière de son prochain livre.

Et il s'empara de la lunette.

CHAPITRE DIX-HUITIÈME

Vous êtes sur le champ de bataille, disait-il;
ce n'est plus le moment de polir votre fusil; il faut tirer.
(P. MERIMEE, *H B* ou *Stendhal raconté par Mérimée*)

SAINT-RÉMY m'avait permis de m'éclipser par les jardins situés à l'arrière de sa demeure. Sur le chemin du retour, je ne pouvais réfréner une certaine appréhension et je fus soulagé de retrouver mon nid propre et ordonné.

Que fallait-il faire ? Alerter la police française ? On me rirait au nez. Je songeai à m'ouvrir à Prelati. Si Cagliostro était de retour, peut-être sa secte se trouvait-elle dans le bottin de Rome.

Une chose était sûre. Je n'acceptais pas l'idée d'être surveillé. Et la seule manière d'échapper à toute filature était de disparaître.

Je commençais à avoir l'habitude de faire ma valise.

Bruxelles, Belle-Ile, Rome. Quelle serait la prochaine destination ? J'y songerais plus tard. Il ne fallait pas oublier les notes, les documents relatifs à mes recherches. Et le CD des *Suites* de Reger. Restaient les livres empruntés à diverses bibliothèques. Je les ai saisis et je me suis rendu chez ma voisine du dessous, une jeune prof d'anglais à laquelle j'avais rendu de menus services ménagers.

Un visage aux traits délicats, des yeux bleus espiègles et

de longs cheveux d'un blond aryen légèrement frisés. Comment un célibataire romantique avait-il pu négliger un tel trésor ? L'excès de travail, sans doute. Ou plus naïvement le fait que je l'avais rencontrée bras dessus, bras dessous avec un jeune homme, et je n'étais pas du genre à interférer dans les relations d'autrui.

J'avais commencé à lui expliquer ce que j'attendais d'elle, quand Diane m'a interrompu. Elle s'apprêtait à prendre un bain et avait laissé couler l'eau. Elle préférait éviter une inondation. Tandis qu'elle s'éloignait, j'ai remarqué que la télévision était allumée. C'était l'heure du journal et les informations du jour défilaient. Une litanie de mauvaises nouvelles, comme d'habitude. Mais alors que ma voisine revenait déjà, j'ai sursauté, ayant entendu prononcer le nom de saint Jean. Je me suis dirigé vers l'écran et la voix du journaliste.

« Y a-t-il eu aujourd'hui une nouvelle apparition à Lourdes ? Il était près de trois heures cet après-midi lorsque la foule des pèlerins a été interpellée par un homme surgi du néant, habillé en apôtre biblique. Celui-ci s'est présenté comme saint Jean, le disciple préféré du Christ, l'auteur de l'inquiétante vision de l' « Apocalypse ». L'homme aurait fortement critiqué l'Eglise catholique, accusée d'avoir trahi le message du Messie. Comme il s'en prenait aux boutiques de souvenirs pieux, des policiers ont tenté de l'interpeller, mais l'agitateur se serait volatilisé dans une explosion de lumière. Pour l'heure, Lourdes serait toujours sous le choc d'une manifestation entourée de mystère. Nous reviendrons sur l'affaire dans notre prochaine édition. »

Saint Jean à Lourdes. Et un retour de plus ?

Un homme qui renverse des échoppes. Comme Jésus. Comme dans la vision de Valentin !

Je repensai à ma filature, aux disparitions de Circé et Valentin, à la valise qui m'attendait.

J'ai abandonné mes bouquins dans les bras de Diane, en la remerciant. Et j'ai monté quatre à quatre les escaliers qui me séparaient de mon départ.

*

* *

J'avais pris une direction au hasard, mais à présent il me fallait réfléchir, poser de nouveaux choix. Ce n'était pas si simple, car la peur distillait son fluide glacial jusqu'au tréfonds de mon âme. La fin du monde était-elle si proche ? Mais s'il y avait quelque part un Antéchrist, si le Diable existait, avaient-ils besoin de me faire suivre, d'éliminer Ophélie, voire Valentin ou Circé ? A moins que tout ne fût point écrit, comme l'avaient suggéré Ptolémée et Nostradamus.

Avais-je un rôle à jouer dans l'Apocalypse ? Pouvait-on imaginer que je puisse l'entraver, l'incurver ? Je n'étais pourtant pas l'un de ces super-agents à la Ludlum, l'un de ces surdoués de *La guerre des cerveaux de Lentéric.*

Ce fut là, au cœur du métro parisien, que je basculai : je décidai de croire. Et il me fallait bouger, agir avant de sombrer dans la névrose.

Une évidence s'imposa à moi, une intuition à la limite du paranormal : je devais retourner à Bruxelles, là où Ophélie avait entrouvert une porte interdite. Se pouvait-il qu'une secte du Rite égyptien... ?

– *Alea jacta est* ! soliloquai-je en frappant sur la valise posée à mes pieds, et dans laquelle j'avais glissé une Bible.

CHAPITRE DIX-NEUVIÈME

L'Esprit souffle où il veut et tu entends sa voix,
mais tu ne sais pas d'où il vient ni où il va.
(JESUS, *L'Evangile selon saint Jean*)

C'ÉTAIT un moment privilégié et surréaliste, un arc-en-ciel après l'orage, un chant de grillons et un parfum de romarin aux alentours d'un charnier. Je me promenais dans la forêt de Soignes, le poumon vert de Bruxelles. Malgré les hautes frondaisons, chaleur et lumière accomplissaient leur œuvre au noir, et les espaces vallonnés se couvraient d'une poudre d'or scintillante.

Devant moi, des kilomètres de solitude et de pureté, que gênaient à peine les envolées de rares cyclistes aussitôt oubliés.

Pendant quelques minutes, j'avais atteint l'ataraxie des Stoïciens, tentant de me fondre dans l'harmonie ambiante. L'Apocalypse était loin, sur ces sentes paisibles, bêlante et vulgaire face à la puissance chaleureuse du soleil et de la vie. L'appétit et l'enthousiasme osaient s'aventurer à la surface de mon âme. Mais ce n'était qu'un intermède, une bouffée d'air.

J'avais gagné l'Etang des Enfants noyés. Fut-ce le nom ou la trouble attraction de l'élément liquide ? D'un coup, l'angoisse et la mort m'avaient rattrapé. Je m'assis aux abords de l'eau glauque et sortis la Bible de mon sac plastique. Il était temps que j'en relise le dernier livre.

L'*Apocalypse* comporte vingt-sept pages. C'est peu, si l'on considère que d'aucuns y voient la description de l'histoire de l'humanité. C'est beaucoup, si on fait l'effort de les lire, car il s'agit d'une logorrhée aux allures de fatras symbolique et onirique fort sibyllin. Des images, des noms s'en détachent, qui ont connu une telle descendance fantasmatique. Harmagedon, les Cavaliers de l'Apocalypse, le Dragon vaincu par saint Michel, la Bête, les Sept Sceaux, la Grande Prostituée, la Jérusalem céleste et la Nouvelle Jérusalem, 666, le millenium, Gog et Magog.

L'*Apocalypse*. Le rédacteur s'est présenté comme Jean, assimilé par les historiens au disciple aimé du Christ. Il l'aurait écrite à Patmos, une île grecque où il avait été exilé, vers 81-96 de notre ère. Mais de quoi retourne-t-il ? De la relation précise d'une vision prophétique à décrypter ? D'une version tronquée, pervertie de l'originale, qui aurait été trop sulfureuse ? De l'hallucination d'un vieillard débile ? D'une composition savamment orchestrée pour finaliser une religion ?

J'ai lu le texte avec application. Retrouvant mon bon vieux scepticisme, je m'étonnais qu'on ne se soit pas davantage arrêté aux premières lignes : *ce qui doit arriver bientôt, car le Temps est proche*. A première vue, l'*Apocalypse* aurait dû concerner des événements du Ier siècle ou, au pire, des décennies suivantes. Pourquoi en brandir la menace 1000 ou 2000 ans plus tard ?

Mais Lorgues était passé par là et, à sa suite, tant de révélations troublantes que j'approfondissais ma réflexion. Ne fallait-il pas lire que la vision prophétique commencerait à se vérifier rapidement, dans ses premiers méandres, ce qui ne l'empêchait nullement de couvrir des centaines ou des milliers d'années ?

Perdu dans de vaines spéculations, je prenais conscience de la superficialité de mon enquête. Il aurait fallu des mois ou des années pour me faire une idée précise des interprétations données au texte de saint Jean. Et il en allait de même de la voyance, de Malachie ou de Nostradamus. Je n'avais fait qu'effleurer ces matières, me fiant à mon intelligence ou à mon instinct pour choisir les voies d'accès à l'information. C'était insuffisant. Pourtant, j'étais fier de moi aussi. Car j'inquiétais. Car je remontais une piste, aussi absurde ou informelle fût-elle. Et j'avais repéré la filature dont j'étais l'objet, j'avais pu fuir. J'avais osé gagner Bruxelles et contacter un détective privé, le lancer à la poursuite de cette secte égyptienne qui avait peut-être pignon (ésotérique) sur rue (occulte).

J'agissais, et c'était le principal, même si je me demandais où je voulais en arriver. Cette aventure avait commencé par le désir de retrouver Ophélie, de la venger, puis l'escapade hallucinée avec Valentin m'avait emporté. Attrait de l'insolite, du jeu de piste enfantin, de la complicité virile. Ensuite, il y avait eu Circé. Comme un glissement opéré par l'invisible Architecte de l'Univers, le Narrateur absolu. Etais-je un héros chéri qu'on veut préserver, qu'on arrache à un récit sans queue ni tête, sans issue, incompréhensible, pour le lancer dans la seule aventure qui en vaille la peine ?

Circé. Quand je pense à toi, je ne pense plus, je sens, je ressens. Tu étais la Vie et le Roman, la satiété et le mystère, la beauté absolue, le bonheur entrevu, deviné, espéré.

Et à présent, quelle est mon histoire, mon destin ? Quelqu'un, là-haut, s'est-il lassé de sa marionnette ?

*
* *

J'étais arrivé la veille à Bruxelles. Je n'avais prévenu aucun de mes amis, à part un oncle banquier qui m'avait permis de reconstituer un solide pécule sans que je laisse trace de mon passage. Je m'étais installé dans une pension discrète à proximité de l'Ilot sacré, le cœur flamboyant de la cité de Gambrinus, le roi de la bière. Comme si, pressentant l'imminence du danger, de l'abysse, j'avais tenu à saluer une dernière fois mon quartier préféré. La Grand-Place la plus belle du monde ; le mémorial 't Serclaes, notre fontaine de Trevi à nous ; le Manneken Pis ; la Petite Rue des Bouchers et ses restaurants ; les galeries du Roi, de la Reine et du Prince ; la Bourse et la Monnaie. Manger à nouveau des moules, des homards aux morilles et aux pâtes fraîches ; boire de la kriek, de la gueuze ou de la faro. Terminer en beauté s'il fallait que tout s'achève.

Mon premier soir à Bruxelles, je l'avais passé sur la Grand-Place, dans l'une de ces maisons des corporations, dont les façades baroques soutiennent l'éclat gothique du magnifique hôtel de ville. Assis à l'une des tables en bois de la *Chaloupe d'or*, j'avais dégusté quelques bières en me demandant si je ne devenais pas fou. Je n'avais aucune preuve de l'assassinat d'Ophélie et j'ignorais ce qu'il était advenu de Circé ou Valentin. Et Grelot, Berthier, Clovis ou Lorgues étaient givrés. Seule une suite de faits convergents m'avait amené à croire, ou à croire que je pouvais croire. Mais le contexte de mon épopée n'avait-il pas contribué à me mystifier ?

Pendant un moment, j'avais remis en cause mes convictions parisiennes. Et j'étais prêt à me rendre chez Laure et Sébastien. Puis je m'étais ravisé, m'abandonnant à l'instinct qui me suppliait de prendre garde, de protéger les gens qui m'étaient chers. Car je ne pouvais exclure que l'homme au complet bleu ait gagné Bruxelles ou Rome. Lui ou d'autres complices. Qui était-il ? Que me voulait-il ? J'espérais en savoir davantage grâce à Rupert Cradock, mon Marlowe à moi, lâché depuis quelques heures dans une enquête qu'il ignorait eschatologique.

*
* *

Après mon escapade forestière, j'avais regagné ma pension et pris une douche. Ensuite, je ressortis pour donner deux coups de fil.

Le premier était pour Rupert Cradock.

– Un jeu d'enfant, commença le détective. Pas de secte égyptienne dans le bottin 96. Mais, dans les précédents, j'ai découvert un Rite égyptien. Retiré l'année qui suit...

– ... la disparition d'Ophélie ?

– Oui. Ça se corse ?

– Et comment ! marmonnai-je, partagé entre la satisfaction et l'horreur.

– Faut que je passe aux choses sérieuses. Voir quand la secte s'est effacée, qui étaient ses membres, ses ramifications éventuelles, son importance. Je vais investiguer dans le milieu ésotérique, maçonnique peut-être...

– Comme prévu.

– Ça peut prendre du temps.

– Faites le maximum, vous serez payé en conséquence.

– OK. Mais ne téléphonez pas avant... disons trois jours.

Après un instant de respiration-digestion, je suis passé au second coup de fil. Direction : Rome et l'inspecteur Prelati.

– Ça me fait plaisir de vous entendre, Sauterre. Figurez-vous qu'il s'en passe de belles depuis votre départ.

– Circé ?

– Non, désolé. Ni Valentin.

Il y eut un silence durant lequel j'oscillai entre soulagement et déception.

– Je ne sais pas pourquoi je vous raconte tout ça. Vous n'êtes pas flic, et on se connaît à peine.

– L'instinct, Prelati. Le flair.

– Je suppose. Bon, je vous donne tout en vrac. Un évêque appartenant à la Curie a été trouvé dans le lit d'une prostituée. Rien d'extraordinaire, me direz-vous, sauf qu'ils étaient morts tous les deux d'une balle en pleine tête, qu'un coup de fil anonyme nous a renseigné du crime et du coupable apparent, un jeune homme travaillant à la Secrétairerie d'Etat du Vatican et qui aurait été l'amant du prélat. On s'activait pour savoir comment opérer, vu que l'assassinat avait eu lieu en territoire italien, mais que le suspect était sujet du Vatican. Bref, une belle embrouille juridico-politique en perspective, qu'a simplifiée le suicide du fonctionnaire. Enfin, pas vraiment, car le gars a eu l'idée saugrenue d'envoyer une lettre-témoignage à un journal à scandale qui vient de révéler l'affaire. Au même moment, dans le confessionnal d'une église de banlieue...

Confessionnal ? Un clignotant orange s'était allumé dans l'ordinateur qui me servait de cerveau.

– ... on découvre un autre fonctionnaire vatican assassiné. Et pas n'importe comment. D'une fléchette au curare ! Et comme le malheureux avait travaillé aux Archives secrètes avant de servir la Commission pour la conservation du patrimoine artistique et historique... Ça s'agite beaucoup dans les coulisses. Et sur la place Saint-Pierre. Vous avez entendu parler de Lourdes ?

– De l'apparition de saint Jean ? Je m'étonne qu'on en ait

parlé à Rome. Ici, les journaux ont minimisé l'affaire et...

– Saint-Pierre a eu droit à son apparition johannique ! La même qu'à Lourdes. On inventorie encore les témoignages, mais les ingrédients sont identiques : un gars habillé en apôtre des Evangiles, une manifestation et une disparition soudaines, inexplicables, si ce n'est qu'elles ont été accompagnées de phénomènes lumineux susceptibles de distraire l'attention. On a parlé aussi d'effluves parfumées.

– Le pseudo-Jean s'est adressé à la foule ?

– Il a fustigé l'Eglise et ses dirigeants. Surtout...

– Surtout ?

– Il a dit que les temps étaient proches, que l'Apocalypse était pour bientôt ! Ce qui, mis en parallèle avec votre aventure, me met fichtrement mal à l'aise. J'ai beau me dire que chaque élément pris séparément se réduit à une anecdote, l'ensemble, la convergence...

J'étais abasourdi. Malgré moi, je plongeais dans les visions d'Ophélie et Valentin, je voyais des fils et des marionnettes, comme une entreprise inouïe s'apprêtant à nous broyer tous.

– Parlez-moi de vous, Sauterre.

J'avais trop à raconter. J'ai commencé à évoquer Malachie et Nostradamus, mais la carte magnétique arrivait à son terme.

– Prelati, je serai peut-être à Rome d'ici quelques jours. Je vous recontacte.

– Faites attention, Sau...

Je me retrouvais seul, mais ragaillardi par la complicité. En me dirigeant vers la pension, j'ai décidé de relire l'*Evangile selon saint Jean*, histoire de faire connaissance avec le disciple aimé du Christ.

Trois jours ont passé, tels un long séjour dans la salle

d'attente d'un bloc opératoire. Je m'occupais comme je le pouvais. Pour éviter les rencontres, je visitais les alentours de Bruxelles : le château de Beersel, le parc d'Huizingen, l'arboretum de Tervueren. Dans ma chambre de fortune, j'écoutais inlassablement les *Suites* de Reger, ou Circé suspendue aux lianes des notes.

Et l'*Evangile selon saint Jean ?* Je l'avais lu avec intérêt, ou plutôt relu, mais c'était comme une première rencontre, tant sont hélas médiocres la plupart des actes que nous accomplissons.

Un texte, qui parle à des centaines de millions de nos contemporains, à des milliards de nos frères humains des siècles passés. Un texte peu lu, pourtant, ou mal. Qui prend la peine de s'arrêter en méditant sur ces éléments troublants jetés de-ci, de-là ? Les *frères* de Jésus, ses dérobades, son statut de *Nazôréen*, le salut qui *vient des Juifs*, l'attitude incompréhensible de Ponce Pilate qui voudrait innocenter son prisonnier mais le fait torturer et humilier par ses sbires. Et puis ce passage très étrange où le Messie présente une bouchée à son futur délateur, puisqu'il est dit que c'est alors que Satan entra en Judas. Le sacrifice délibéré d'un compagnon pour que le Plan du Très-Haut puisse s'accomplir ? Mais la morale, là-dedans ?

J'arrivais au bout de l'Evangile quand j'encaissai une nouvelle commotion. Une phrase du Christ, en réponse à Pierre qui l'interrogeait sur le sort du disciple aimé :

« Si je veux qu'il demeure jusqu'à ce que je vienne, que t'importe ? »

Jusqu'à la Parousie, donc ? C'est ce que semblait confirmer la phrase qui suivait :

« Le bruit se répandit alors chez les frères que ce disciple ne mourrait pas. »

Je frissonnai. Les deux récentes manifestations johanniques acquéraient une dimension nouvelle. Et si l'Evangéliste n'était pas mort, s'il avait sommeillé en quelque obscure retraite, attendant le retour de son maître adoré ? Convergences, encore et toujours.

Je songeai au Prêtre Jean mythique, dont tant d'aventuriers du Moyen Age avaient cherché le mystérieux royaume chrétien. Tantôt vers l'Abyssinie, tantôt entre les Indes et l'Himalaya. Cette énigme historique ne pouvait-elle s'expliquer par la pérennité d'une présence johannique ?

En tous les cas, le Jean de Lourdes et de Saint-Pierre avait épousé la conduite de Jésus face aux marchands du Temple ou aux institutions sclérosées. Il jouait la carte de la pureté et de la vie face au formalisme et au mercantilisme.

L'adolescent rebelle venu du fond des âges ? L'immortelle jeunesse ? Il y avait de quoi inspirer des sympathies, à commencer par la mienne.

Jésus avait été annoncé par la tradition juive, mais ses tenants ne l'avaient pas reconnu. Qu'en serait-il avec l'Eglise catholique s'il revenait sur terre, comme prévu dans le Nouveau Testament ? Avait-il une chance d'être écouté ?

Je repensai aux propos du père Grelot. Si l'Apocalypse impliquait fin et destruction, elle pouvait aussi signifier une nouvelle ère, et donc vie, espoir.

Je me perdais en cogitations échevelées, griffonnant sur un bloc de papier des noms, des dates, des relations. Mon attention se fixa sur la date-butoir de Nostradamus : juillet 1999. Je remarquai que les trois 9 n'étaient qu'un triple 6 renversé. *666* ? Le chiffre de la Bête ! Qui est un 9 déguisé : 6+6+6 = 18 = 1+8 = 9.

CHAPITRE VINGTIÈME

Qu'est-ce que l'angoisse, sinon ce sentiment en nous, à tort ou à raison, de la possibilité immédiate du pire ?
(A. COMTE-SPONVILLE, *Impromptus*)

AU BOUT du *no man's land* temporel, j'avais donné le coup de fil tant attendu.

– Sauterre ? Oui, j'ai des informations. Beaucoup...

Le ton de Cradock était peu assuré. Il paraissait perturbé.

– Faut qu'on se voie. Que diriez-vous du Heysel ? Mini-Europe, vous connaissez ?

– Bien sûr.

– Disons dix-huit heures. Devant Big Ben.

– Parfait.

Cradock avait raccroché assez vivement, et j'en étais étonné. Excité aussi. Espérant me rapprocher des ombres qui me hantaient, j'appréhendais que tout pouvait basculer. Mais ai-je jamais eu la moindre esquisse d'idée de ce qui m'attendait ?

J'avais décidé d'arriver à l'avance, préférant prévenir tous les imprévus possibles. Je débarquai aux environs de 17 heures sur le plateau du Heysel.

C'est ici, au nord du Pentagone, cette ceinture de boulevards qui enserre Bruxelles-Ville, que se dressent quelques-uns des vestiges des Expositions universelles. Depuis le tram, j'avais aperçu le pavillon chinois et deviné la tour japonaise. A présent, je passais sous l'Atomium, le cousin de la Tour Eiffel. Plus loin, j'apercevais le Parc des Expositions et les palais du Centenaire où se tiennent tant de salons au retentissement international. J'y avais participé à une Foire du Livre qui marquait ma première séance de dédicaces. Un grand souvenir, mais qui me paraissait appartenir à une autre vie.

En longeant le parc d'Osseghem, j'atteignis Bruparck, le vaste complexe qui offre un deuxième cœur à la vie bruxelloise. Je m'engouffrai dans la chenille qui sépare la ville de ce royaume du rêve. Au bout du tunnel, il y avait Kinépolis et ses salles de cinéma, son écran géant; la petite cité dont les charmantes demeures Renaissance-toc sont autant de pubs ou de restaurants; l'aire de jeux des bambins; les piscines d'Océade et les maquettes de Mini-Europe.

Le temps était splendide et j'avais près de quarante minutes d'avance. J'en profitai pour me balader entre les reproductions au 1/25e des plus fameux édifices de la Communauté. Parfois je levais la tête et j'apercevais à portée de voix les toboggans aquatiques vertigineux d'Océade ou les pylônes lumineux du stade national. Mais mon regard se reportait rapidement vers les maquettes auxquelles des centaines d'artisans avaient conféré une perfection saisissante. Quel tour d'Europe! L'Acropole d'Athènes et la porte de Brandebourg, la place Saint-Marc, la Tour de Pise et le Vésuve, la cathédrale de Compostelle et l'Escurial.

Peu avant 18 heures, je m'arrêtai devant le palais de Westminster, materné par deux tours fameuses, dont l'une sert d'écrin à la plus célèbre horloge du monde.

J'observai Big Ben avec affection, songeant qu'elle était associée à la *Marque jaune* de Jacobs ou aux *Trente-neuf marches* d'Hitchcock, deux récits qui avaient fait le bonheur de mes jeunes années.

Puis je revins à mes préoccupations et cherchai Rupert Cradock dans la foule des touristes. Je ne l'apercevais pas. Je m'assis un peu plus loin et je commençai à lire une brochure qui détaillait chaque élément du site.

Vers 18 heures 15, je me relevai vaguement inquiet. Toujours pas de Cradock et j'avais gardé un œil sur Westminster. Je retournai auprès des édifices londoniens et me mis à inspecter nerveusement les environs. Puis je me rassurai. On était à Bruxelles, une grande cité rimant avec embarras de circulation. Que représentait un quart d'heure ? J'allais me rasseoir. A 18 heures 30, je songeai aux rendez-vous avortés avec Lorgues et Circé. Tous les gens que j'attendais étaient-ils appelés à disparaître ? Je me raisonnai et réussis à patienter plus calmement. Mais à 19 heures, je me dis que Cradock avait fixé le lieu du rendez-vous et devait savoir comment y arriver à l'heure. Je ne pouvais pas passer la nuit à Mini-Europe, même si j'avais entendu parler de nocturnes envoûtantes. Je refis un circuit complet à l'envers puis, fort dépité, je me résolus à partir. Je regagnai le village de Bruparck et rentrai dans un restaurant grec. Je commandai un *mezze* et allai passer un coup de fil au bureau de Cradock. Je tombai sur le répondeur. Je raccrochai pour essayer l'adresse personnelle qu'il n'avait pas hésité à me confier. Personne. Je retournai m'asseoir et attaquai feuilles de vigne farcies, calamars et scampis. Quelques verres de *retsina* me remirent d'aplomb et je repris le téléphone. Toujours personne à son domicile privé. Avait-il eu un accident ? Après un moment d'hésitation, je formai à nouveau le numéro de son bureau, avec le désir de lui laisser un témoignage de mon mécontentement.

– Vous êtes bien chez Rupert Cradock, détective privé. Des raisons impérieuses m'ont contraint à une mission à l'étranger. Veuillez me laisser vos messages et vos coordonnées après le bip sonore.

Une mission à l'étranger ? Et il n'en savait rien quelques heures plus tôt ? Le gaillard n'avait aucune déontologie.

Immensément frustré, je fulminai.

Il était plus de 21 heures quand je quittai le restaurant. Je me sentais seul et perdu. Je franchissais le tunnel qui me ramenait à la ville quand je m'arrêtai. Valentin, Circé, Cradock. Non, tout était étrange, à commencer par l'incongruité du lieu de rencontre : l'entrée m'avait coûté 390 francs ! Pourquoi Mini-Europe ? Un endroit clos, où l'on se rate difficilement. Mais s'il n'était pas là... A moins que...

L'angoisse m'étreignit. Je songeai à l'Antéchrist et à ses sbires. S'ils existaient... Je me retournai nerveusement et constatai qu'un homme me suivait à distance respectable. Un visiteur ou... ? J'accélérai l'allure en traversant le parking qui menait aux tramways.

Soudain, que vois-je devant moi ? Une silhouette qui m'est familière. L'homme au complet bleu ! Enfin, il me semble le reconnaître. Et il se dirige vers moi. Je me retourne et découvre l'homme du tunnel qui se rapproche. Un simple hasard ? Ai-je bien vu ? Un mouvement de panique, et je me mets à courir en direction du square de l'Atomium. J'espère les semer, si tant est qu'ils me suivent, que je ne perde pas la tête. Mais non, j'entends un bruit de pas derrière moi, une cavalcade. Je suis poursuivi !

J'aperçois le parc d'Osseghem. Le soir qui tombe, les arbres. J'ai de la chance. Je cours à travers les allées pentues, j'atteins un demi-cirque à l'antique. J'escalade le théâtre de verdure en espérant disparaître par-delà la crête, mais mes agresseurs se sont séparés, l'un d'eux contourne déjà le monticule. Je descends à toute allure dans la direction opposée, vers les étangs. Que font les Bruxellois durant la nuit ? Pourquoi ne sont-ils pas plus nombreux à profiter des charmes de leurs espaces verts ? Et la police ?

Un escalier, qui mène au bas d'une nouvelle pente, à la grande étendue d'eau. Mais les chasseurs gagnent du terrain, et mes poumons me brûlent. La catastrophe, soudain. J'ai glissé sur l'une des dernières marches et ma tête heurte quelque chose de dur. J'ai mal, mais je me relève. Je titube. Des pas derrière moi, précipités. Je me retourne pour faire face, et la peur m'abandonne, comme le stress qui précède un examen universitaire. Je ne songe plus à sauver ma peau mais à éliminer mes adversaires. L'homme au complet bleu s'avance lentement vers moi, décontenancé par mon attitude, qui n'est plus celle d'une proie. Le rapport entre les criminels et les victimes ne réside-t-il pas dans la résignation moulée par notre vie aseptisée ? Mais j'ai beaucoup lu, beaucoup réfléchi, et envisagé mille fois des confrontations de ce genre. Contrairement à mes prévisions, j'ai l'impression qu'il m'en reste quelque chose, que toute réflexion ne s'évanouit pas au cœur de l'action. Comme si j'avais eu une vie antérieure et pouvais m'appuyer sur des réminiscences, un instinct.

Brusquement je me lance dans un cumulé de footballeur buteur et mes pieds s'enfoncent dans la gorge du scélérat. Je me redresse d'un bond et balance mon genou dans ses parties les plus sensibles. L'homme hurle, mais déjà je lui décoche une violente bourrade qui le précipite dans l'étang. Un-zéro. Je vais me remettre à courir, mais je me trouve sauvagement plaqué au sol. L'acolyte, le gars du tunnel. Il me tord le bras derrière le dos et ma bouche s'enfonce dans la terre. Je me débats mais l'étreinte est puissante.

– Arrêtez, ou je vous casse le bras ! lance une voix glaciale.

– Attends un peu, mon salaud ! halète une seconde voix. On a un compte à apurer.

Alors que je me suis relâché, me demandant quel profil adopter, un coup de pied m'atteint aux côtes. La douleur est fulgurante. J'ai crié, presque malgré moi. Et c'est une pluie de dards furieux qui se met à me lacérer. Puis, dans une sorte de brouillard cotonneux, je distingue des sons, des paroles.

– Le maître a demandé de ne pas le faire souffrir.

– Je m'en fiche ! T'as vu ce que cet enfant de putain m'a...

– T'arrête, ou je te bute !

– T'es fou ! Qu'est-ce que ça change ? Tu veux jouer les baby-sitters ? Ce gars t'arrache des émotions ?

– Je répète. Tu le touches encore une fois et je te loge un pruneau dans le crâne. Garanti.

– Si tu le prends comme ça...

– On finit le travail proprement. Comme prévu.

Malgré la douleur, je tourne le visage vers les deux hommes, levant les yeux vers la menace appréhendée. Est-ce la mort qui s'avance vers moi ? Une seringue. Je ne vois qu'elle. Je voudrais poser des questions, comprendre ce qui m'arrive, mais je n'en ai plus la force. Trop mal. Et je ne sens pas la piqûre, je la devine au retrait de la voix. Mais les deux hommes sont loin, déjà. Et je songe à tous ces livres qui nous ont trompés. Ces relations de mort rapprochée, qui laissaient croire que le passage de la vie à la mort se faisait dans la sérénité, la douceur, la beauté. Ce n'est pas que je croyais, comme tant d'autres, qu'on pouvait y voir la preuve de l'existence d'une autre vie. Non, j'imaginais que notre organisme, cette merveille, sécrétait un rêve compensatoire facilitant le passage fatal. Mais non, hélas. Je ne vois aucun tunnel, aucune lumière. Je n'entends aucune musique céleste et je ne parviens pas à m'échapper de ce corps que je ne sens plus. Ma pensée m'entraîne auprès de Laure, Ophélie et Circé. Laquelle était la femme de ma vie ? Cette question s'empare de moi et tourbillonne dans ma tête, alors que l'Apocalypse et le sort de l'univers m'indiffèrent de manière de plus en plus absolue.

CHAPITRE VINGT-ET-UNIÈME

Dans le plus profond sommeil, – non ! Dans le délire, – non !
Dans l'évanouissement, – non ! Dans la mort, – non !
Même dans le tombeau tout n'est pas perdu.
(E.A. POE, *Le puits et le pendule*)

COMBIEN D'HEURES, de jours, de semaines ou de mois ai-je passés dans le trou noir de l'espace-temps ? Je n'en avais pas la moindre idée quand j'ai commencé à remonter le cours de la spirale enténébrée dans laquelle se morfondait un dernier reliquat d'âme.

Des souvenirs, d'abord évanescents, puis des séquences, des noms, des visages, des interrogations. Ensuite, comme si l'esprit avait infusé le corps, un éveil progressif de perceptions tactiles, olfactives ou sonores.

J'ai pensé à l'Arche de Noé. Les eaux avaient cessé de déferler par-dessus la carène et le patriarche, posté face à un hublot de fortune, hésitait à retourner aux affaires du monde, trop anxieux, interdit. Puis il a saisi la colombe et l'a lancée à l'aventure du *Quoi* ? et de l'*Après*.

Me coulant dans la foulée du modèle marmoréen, j'ai osé remuer les doigts, et ils ont mis à la voile vers le grand large et les *terrae ignoratae* peuplées de cauchemars nauséeux.

Un contact frais et doux. Comme du satin. Un drap. Oui, j'étais allongé sur un lit. Rasséréné, j'ai largué les sacs d'angoisse qui lestaient la nacelle où je flottais, et je me suis laissé aller à respirer profondément. Un air chaud et parfumé m'a investi, un avant-goût du paradis. Mais le silence absolu, d'où se détachaient les timides éclats de mes organes, de mes gestes, comme une lame de fond sépulcrale, m'a ramené sur le parvis de la terreur. Si je n'étais pas mort, où me trouvais-je, et dans quelle situation ? Mes agresseurs m'avaient-ils abandonné dans le parc d'Osseghem ? Non, des bribes de mots, des images fugaces émergeaient, comme des lambeaux de limbes ramenés au soleil. Je revoyais des pieds, un plancher de voiture. M'avait-on drogué et transporté ? Etais-je prisonnier ? A moins que des témoins eussent constaté mon enlèvement, que la police fût intervenue à quelque moment de mon odyssée inconsciente. Etais-je dans un hôpital ?

Des images de Circé affleuraient, comme le souvenir de soins auxquels mon imagination aurait donné les traits désirés. Il me revenait en mémoire cette sensation suave d'une présence céleste, des réminiscences d'un bien-être déplacé.

J'ai ouvert les yeux.

Je me trouvais dans une chambre plongée dans la pénombre par un volet à claire-voie. J'ai tenté de me relever. Mon corps était engourdi et il lui a fallu plusieurs minutes pour se mouvoir maladroitement. Je me suis dirigé vers la fenêtre; j'ai relevé la jalousie. Une lumière aveuglante a inondé la pièce et j'ai dû y accommoder ma vue.

La fenêtre était protégée par des barreaux métalliques. Une prison ? A l'extérieur, un ciel d'un bleu violent, un soleil généreux. J'aurais voulu sonder le bâtiment lui-même mais la perspective était réduite. De mon poste d'observation inadéquat, je devinai que je me trouvais à une hauteur de dix à quinze mètres. Devant moi, une immense pelouse bien entretenue qui s'arrêtait au seuil d'un bosquet accidenté, pour ainsi dire une colline, qui me semblait enserrer le domaine, ou l'arrière de celui-ci.

Une propriété et une demeure aux dimensions imposantes. Un hôpital privé ? Un château ? Mais qui ? Mais où ? Pourquoi ?

Je me suis retourné. La pièce était spacieuse, très moderne. Mes vêtements étaient accrochés à un valet design, une Betty Boop plantureuse. J'ai réalisé que je portais un pyjacourt inconnu. On m'avait donc changé, sinon soigné et lavé. Un hôpital, décidément ? Mais non, ce n'était pas une chambre de clinique. Trop luxueuse. Aux murs, des sérigraphies d'Andy Warhol et Roy Lichtenstein. Et puis, surtout, deux portes. La première devait mener à une salle de bain, ce que j'ai vérifié. La seconde avait l'air hermétique, comme dans un sas de sous-marin ou d'abri antiatomique. J'ai tourné la clenche cuivrée avec appréhension. C'était fermé. Evidemment. J'ai appelé plusieurs fois, puis j'ai tambouriné à la porte, avec de plus en plus de frénésie. Rien, aucune réaction, un silence qui pesait dix tonnes. Vu la solidité de l'obstacle, je n'ai pas essayé de le forcer. Un mouvement de désespoir s'est emparé de moi, mais bref. Je me suis assis sur le lit. J'ai fait le point, décidé de garder la tête froide, ou de ne pas la perdre. Malgré les événements, j'avais toujours le même visage et les mêmes pensées ; dehors, le soleil et le ciel servaient encore de phares à nos civilisations. Et puis, rien n'indiquait qu'on voulait me tuer, me torturer. Les choses n'allaient pas si mal, vues avec un maximum de recul. Bien sûr, je ne comprenais pas le sens de mes aventures, mais il devait exister. Tout n'était pas devenu illusion ou non-sens. Wait and see, auraient dit Blake et Mortimer, mes héros d'enfance. Sur cette exhortation des plus stoïques, je me suis rendu dans la salle de bain et j'ai pris une douche.

Quand je suis revenu dans la chambre, j'ai senti que quelque chose s'était passé. Une odeur nouvelle flottait dans l'air. J'ai fait le tour de la pièce. La porte blindée était légèrement ouverte. Avec une excitation teintée d'appréhension, j'ai saisi la clenche et attiré la masse de bois et de métal vers l'intérieur de la chambre. Surprise : il y avait un sas véritable et une deuxième porte du même acabit, fermée.

L'odeur. J'ai baissé les yeux et découvert un plateau d'argent couvert de plats appétissants. Du saumon, des homards, du pain grillé, une bouteille de vin blanc et une soupe de poisson à réveiller un mort. J'ai pris conscience de ma faim. Je suis revenu vers l'intérieur de ma cellule, posant le festin sur une table qui allait me réserver le repas le plus surréaliste de mon existence.

Rassasié, je me suis allongé sur le lit et j'ai accepté l'idée d'attendre le bon vouloir de mes hôtes mystérieux. Les heures ont passé, sans que je ne m'agite le moins du monde. Je me demandais s'il y avait des micros ou des caméras cachés, si l'on étudiait mes réactions. Me prenait-on pour un autre ? Avais-je endossé la livrée de Cary Grant dans *La mort aux trousses* ? Plus j'y réfléchissais, plus je m'identifiais à ces héros d'Hitchcock, ces êtres ordinaires, ces innocents qu'une méprise ou le hasard projettent sans égards dans d'infernales aventures dont le sens leur échappe complètement.

*
* *

Il y a eu un premier jour, puis une première nuit. Le vide et l'absence, le silence, toujours. J'ai résisté.

Le lendemain matin, j'ai entendu un bruit singulier. Proche. Un mécanisme qu'on aurait actionné. Je suis resté un moment perplexe, m'attendant à une intrusion. Mais rien, le silence à nouveau, absolu, irréel. Je me suis redressé et dirigé vers le sas. La deuxième porte s'était entrouverte. Je l'ai poussée vers l'extérieur, le cœur battant. Derrière, il n'y avait personne mais un hall donnant sur un ascenseur high-tech. Il était à l'arrêt. La porte s'était-elle ouverte automatiquement ? A la suite d'une maladresse, d'un court-circuit ? Ou on s'amusait à mes dépens, on jouait avec mes nerfs. Je me suis rappelé *La torture par l'espérance* du grand Villiers de l'Isle-Adam. Me faisait-on connaître quelques délices avant l'exécution finale ? Une mouture raffinée de la dernière cigarette du condamné ?

J'ai appelé l'ascenseur, pénétré dans l'alvéole et examiné le tableau de bord. Nous étions au troisième étage, et il y en avait cinq. La logique commandait que j'engage la descente, mais je préférais surprendre. J'ai lancé la cage vers le cinquième. En haut, j'ai découvert un hall identique au *mien*, avec une porte blindée aux allures de gardienne de nécropole. J'ai essayé le quatrième, le deuxième, puis le premier et le zéro. Partout le même décor, les mêmes impasses. Hitchcock avait cédé la place à Kafka ou Borges.

Restait le – *1*. Surprise, ou soulagement : je débouchai dans un long couloir. Mais la différence était-elle si notable ? Pas de fenêtre ou de soupirail, une série de portes blindées. J'avais beau vouloir conserver mon calme, j'aspirais à pleines goulées une vision cauchemardesque de l'absurde à l'infini. Devant moi, cependant, au fond de la galerie, il y avait une ultime porte blindée. Sur quoi pouvait-elle déboucher ? Sur les Enfers "relookés nineties" ?

Miracle ! Elle était entrouverte, comme une invitation au voyage, à la fuite. A moins que le peloton d'exécution ou mes persécuteurs ne m'attendent solennellement derrière celle-ci.

Car j'avais peine à imaginer deux coïncidences aussi bienvenues.

Avant le grand saut, je sondai les murs du regard, puis les plafonds, me demandant où étaient lovées les microcaméras qui m'observaient.

J'hésitais. Je songeai à Patrick Mac Goohan, le *Prisonnier*, le *Numéro 6* du *Village*, cette maison de retraite kafkaïenne où des agents secrets dérivaient entre folie et soumission à un arbitraire insaisissable. La main sur la clenche, j'appréhendais de voir débouler l'une de ces sphères-sentinelles qui avaient terrifié mon enfance.

J'ai ouvert. Une nouvelle galerie. Mais ô combien différente ! Pas de portes latérales, de spots ni de décoration résolument modernes. Non, des parois rupestres éclairées par des flambeaux et illustrées de... De motifs égyptiens ! Et pas de vulgaires imitations d'égyptophile monomane, mais de grandes scènes peintes avec un extraordinaire souci du détail. Je retrouvais ces colonnes de hiéroglyphes, ces brassages de perspectives qui confèrent une aura de mystère et d'ésotérisme aux moindres semailles des bords du Nil.

J'avançai, fasciné, sans distinguer le bout du tunnel. J'avais écrit un bouquin sur l'Egypte pharaonique, et mes connaissances me permettaient d'identifier de nombreuses scènes se rapportant aux rites funéraires, l'essence de cette civilisation. Séparation du Ka spirituel d'avec l'élément matériel du défunt. Vol du Ba, son âme, par-dessus la dépouille. La bienveillante Isis qui accueille le décédé et le confie aux bons soins d'Anubis. Les pérégrinations du défunt et de son guide à tête de chacal jusqu'à la ville sacrée d'Osiris. La descente aux Enfers sur la nef de Kheper, avec les menaces des rapides ou du serpent Apophis, les attaques de créatures monstrueuses : des babouins géants équipés de filets, des serpents aux couteaux effilés, des dragons. L'épreuve des Sept Portes, qui nécessite la formulation de paroles magiques. Le passage des Sept Pylônes et l'entrée dans la Grande salle d'Osiris. Et enfin la scène-clé : le Jugement du mort, en présence du dieu vert momifié et des quatre juges : l'Air et le Feu, la Terre et le Ciel. Le cœur est pesé sur une balance dont le contrepoids est la plume de Maat, la déesse de la Vérité. Thot, le scribe à tête d'ibis note les actes du défunt tandis qu'Amenuit, le monstre hybride, s'apprête à le dévorer à la moindre défaillance.

La tête me tournait. Où donc me trouvais-je ? Sous une pyramide ? Dans une nécropole inconnue, investie par un nabab omnipotent ? Ou alors j'étais mort, et l'Après-vie était très différent de ce que nous imaginons. Et si je m'étais réveillé dans une sorte de Purgatoire ? Si j'avais franchi la porte qui mène aux Enfers ?

Je continuais à marcher, étourdi par la beauté et les significations des peintures. Je reconnaissais les Champs de Ialou, le Paradis égyptien, la baignade dans les eaux purificatrices du Lac du lotus. L'élévation des âmes le long des rayons lumineux d'Aton-Rê, jusqu'à la Barque de la Vérité. Le Grand Voyage vers l'éternité.

Soudain, un escalier. Quelques degrés. Une nouvelle porte, monumentale. Deux battants où s'affichent en lettres écarlates vacillantes, comme des traînées de sang, les lettres *I* et *S*. *IS* ? Les symboles de l'unité et du pluriel ; la marque d'Isis et de...

Je pousse un battant, prêt à basculer dans l'horreur, appréhendant la rencontre avec le cœur de mon aventure.

*

* *

Les lourds battants se sont refermés derrière moi, et je suis ébloui, atterré, fasciné, mortifié.

Je suis à l'arrière d'une vaste salle dont les murs sont constitués de monolithes de granit couverts de fresques pharaoniques séparées par des flambeaux. Devant moi s'étagent plusieurs séries de gradins qui convergent vers une scène au centre de laquelle, dans un périmètre de grands cierges allumés, s'affairent des officiantes habillées de soieries blanches vaporeuses.

Sur les gradins, des spectateurs clairsemés, quelques dizaines, qui ne m'accordent aucune attention. Leur vue me procure un bien-être indéfinissable après mes heures de solitude. Je voudrais parler, poser des questions, comprendre, mais je préfère patienter, observer, et je descends plusieurs marches, je m'assieds sur la pierre nue et froide.

Des odeurs d'encens, de la musique qui jaillit de sous le roc. On dirait du Josquin des Prés, du plain-chant, des motets.

Je n'ai plus l'impression d'être mort mais d'être au sein du sanctuaire d'une secte occulte. Alors que le temps paraît suspendu, envoûté par l'ambiance dantesque, passablement étourdi sinon engourdi, je me laisse traverser par des flashes saisissants, qui flottent en tanguant sur l'océan de ma raison. Je voudrais apercevoir un sens, comme une flammèche voltigeant par-dessus la folie, le happer et le plaquer au sol, m'en rendre maître.

Soudain, le silence et un embrasement de lumière sur la scène. Des murmures admiratifs, comme un frisson ou une infusion de charismes. IL est là, et intuitivement, sans passer par la juxtaposition de déductions élaborées, je sais qui IL est. Et, tandis que LA VOIX s'élève, je sens que mes cheveux noirs se dressent électrisés, que ma raison explose en une constellation d'atomes irradiés.

– Je suis l'Aujourd'hui, je suis l'Hier, je suis le Demain. A travers mes nombreuses naissances, je reste jeune et vigoureux. Je suis l'Ame divine et mystérieuse qui autrefois créa les Dieux. Ce qui vit en moi, je le rends manifeste par les variations de mes formes changeantes. Je suis Celui dont le Nom est assez puissant pour ouvrir les Portes du Monde Inférieur. En vérité, Je suis celui qui marche vers la pleine lumière du jour. En présence d'Osiris, je deviens le Maître de la Vie. Mon être est à jamais Inaltérable et Eternel. Je suis...

– TU es... psalmodient les officiantes qui l'encadrent, en levant les bras vers le plafond où je distingue un immense Amon-Rê, dont les rayons enveloppent l'espace de la salle.

– Notre Maître ! répondent en chœur les spectateurs disséminés sur les gradins.

Suis-je dans le passé, le futur, le présent ? Suis-je dans la réalité ou le rêve ? Suis-je vivant ou mort, condamné ou sauvé ?

Je L'observe dans sa robe de soie noire parcourue de hiéroglyphes brodés en rouge. Est-IL ridicule ou solennel, hors du temps, avec ces bandelettes plissées, dorées, qui pendent de chaque côté de son visage massif, suspendues au front par un cercle de pierreries ; avec cette ceinture de soie rouge qui retient une épée médiévale à la poignée en croix ?

Une officiante introduit deux enfants vêtus de robes blanches et les présente au Maître, qui leur impose les mains sur le front, les yeux et la poitrine, en mimant l'inscription de signes cabalistiques. Les autres vestales ont amené un paravent, une table arrondie et une carafe remplie d'eau claire. Puis l'une d'elles apporte à *Celui qui est* une truelle d'or posée sur un coussin de velours violet. Avec le manche d'ivoire de celle-ci, IL frappe sur le sautoir qui orne sa poitrine et se tourne vers les enfants.

– Le souhait de notre frère de Suède est-il près de s'accomplir ?

– Il l'est, répond un garçon d'une douzaine d'années en fixant la carafe. Car je vois sa femme devant un homme immaculé qui annonce qu'elle attend son premier enfant.

– Merci, Maître ! crie une voix sur ma droite.

– Notre ami de Varsovie a-t-il des raisons de s'en faire ?

– Absolument pas, intervient une fillette d'une dizaine d'années. Ses tests médicaux étaient faux, à la suite d'une interversion de dossiers. Sa santé est excellente.

– Bonne nouvelle, commente le théurge en adressant un signe à l'un des spectateurs.

– Merci ! répond une voix cassée par l'émotion.

– Le Temps de l'Accomplissement est-il venu ?

L'assemblée s'est figée, claquemurée dans le silence et la paralysie par un linceul invisible.

– Oui, répondent de concert les deux médiums. Le Temps est proche, prédit par les prophètes. Tout ce qui devait être sera.

– Quels seront les signes ?

– Quand des tremblements de terre disloqueront le sol où nous marchons, quand la Nouvelle Peste aura fauché son abondante moisson, quand les déserts rongeront les jardins, alors le Temps sera proche. Quand les Bénis d'entre les bénis quitteront leurs retraites pour affronter l'Ennemi à découvert, alors le Temps de l'Accomplissement sera arrivé.

– Mais quel sera le signe ultime ?

– Quand le dernier usurpateur de la Grande Prostituée sera tombé, la Grande Déflagration devra tout balayer et renouveler ce monde.

– Mais ce dernier rempart d'un monde qui se meurt et doit mourir, qui est-il, quel sera-t-il ?

– C’est le successeur du meurtrier *De labore solis.*

– Jean-Paul II ! hurlent des voix haineuses.

– Devons-nous comprendre que...

– Oui, le jour du dernier pape est arrivé, *De gloria olivae,* qui sonnera le glas de l’ère honnie. Deux mille ans de rupture avec la Tradition Primordiale vont s’effacer, et tout ce qui a séparé la descendance d’Adam de son destin glorieux.

– Et qui portera le flambeau du Renouveau ?

– Toi, ô Maître, Restaurateur des antiques mystères, tu seras notre Guide. Gloire au Grand Cophte !

– Gloire au Grand Cophte ! répondent les participants dans un écho assourdissant qui me précipite au cœur du cauchemar.

Et soudain un halo de lumière inonde le Maître de cérémonie qui paraît transfiguré et tend les bras vers nous. Des effluves de parfums se répandent dans la salle, étourdissantes émanations de cet être surhumain.

*

* *

J’étais écrasé, anéanti depuis plusieurs minutes, quand j’ai constaté que les spectateurs quittaient la salle. J’étais le seul à demeurer assis. On allait me remarquer. Me relever, vite.

Le cœur battant, je me suis hâté vers la sortie empruntée par les disciples. Je m’attendais à une mauvaise surprise. Des mains qui me saisissent l’épaule, un cri lançant des sbires à mes trousses. J’étais sur le qui-vive, rongé par l’anxiété, mais j’ai pu m’engager dans une galerie sans avoir été inquiété. J’ai suivi les autres en demeurant quelques mètres en arrière, partagé entre l’envie d’en savoir davantage et celle de fuir au plus vite.

Un tournant, un nouveau couloir. Un second tournant, et cette impression qu'on contourne la salle, qu'on se dirige vers la galerie qui m'a conduit à la représentation du Maître. Toujours ces fresques murales, belles à couper le souffle, mais qui ne m'arrachent plus la moindre émotion, tant je suis tendu, angoissé et en même temps ivre d'espoir.

Nous avons rejoint les *Champs d'Ialou* et le *Jugement des morts*, puis c'est le retour à la modernité. Tandis que les derniers disciples se dirigent vers l'ascenseur qui va et vient sans bruit, une personne jaillit d'une porte latérale. Un homme impressionnant, qui me toise du haut d'un sourire d'une suffisance illimitée. Une allure d'aristocrate décadent, avec des favoris fournis et une chevelure épaisse ramenée vers l'arrière. Un visage jeune aux traits puissamment dessinés, mais des mèches blanches, des yeux d'acier, une sensation de plénitude mentale qui arrachent l'individu à toute catégorie d'âge.

Je devine que j'ai cessé d'être spectateur pour redevenir acteur du drame mystérieux dans lequel je me débats depuis des mois. Dois-je parler ou bousculer, courir vers l'ascenseur où s'engouffrent les membres du Rite égyptien ?

– Inutile de songer à fuir, monsieur Sauterre. Ces hommes sont à nous, n'est-ce pas ? Allons, suivez-moi.

Je jette un regard à l'ascenseur et prends le sillage de mon interlocuteur, qui ne m'a pas attendu, sûr de ma réaction ou de ses moyens de persuasion. Je songe à nouveau à Villiers de l'Isle-Adam. La torture par l'espérance. L'illusion de la fuite avant l'exécution. Mon cœur se serre.

Une nouvelle galerie, dénudée. Cette impossibilité à interroger mon guide, mon gardien, mon bourreau.

– Un peu d'air frais vous fera le plus grand bien.

– Où m'emmenez-vous ? parviens-je à lâcher.

– A un rendez-vous.

Nous avons atteint une pièce circulaire au centre de laquelle nous empruntons un escalier en colimaçon. Tandis que nous remontons, j'éprouve de plus en plus de peine à respirer. Comme si tout était inversé, comme si nous nous dirigions vers des profondeurs abyssales.

CHAPITRE VINGT-DEUXIÈME

En cherchant l'œil de Dieu, je n'ai vu qu'un orbite
Vaste, noir et sans fond, d'où la nuit qui l'habite
Rayonne sur le monde et s'épaissit toujours (...)
(G. de NERVAL, *Les chimères*)

Au bout de la nuit qui m'avait enveloppé dans un parc de Bruxelles, il y eut ce moment où je débouchai à l'air libre; où mes sens, détachés de ma raison traumatisée et morose, fondirent de plaisir à la réception d'un air chaud et parfumé d'odeurs florales.

Une trappe soulevée, et nous étions dans un kiosque. Non pas l'un de ces abris surannés des orchestres de plein air, mais un modèle d'origine, un pavillon oriental, l'un de ces monuments où les Egyptiens laissaient reposer les dieux lors de leurs voyages rituels.

Entre les pylônes, je découvris en contrebas un vaste domaine et une immense résidence à tourelles. Etait-ce dans l'une d'elles que je m'étais trouvé séquestré ?

A ma gauche, il y avait un banc de pierre sur lequel était assis un homme perdu dans ses cogitations. Bien qu'il se fût dépouillé de son vêtement sacerdotal, je reconnus la silhouette trapue du Grand Cophte.

Le surhomme a tourné la tête vers moi. Un visage rond encadré de cheveux ébouriffés, surtout des yeux très expressifs, emplis de passion et de persuasion. Il devait avoir dans les quarante-cinq ou cinquante ans, et paraissait sympathique, même si son regard laissait entrevoir des orages et des incendies.

– Et alors, *signore* Sauterre, croyez-vous à l'Apocalypse ?

– Je suis ouvert à tout, ai-je lâché en me bâtissant une contenance de héros de Corneille.

Malgré l'appétit intellectuel qui me carbonisait la langue et le cerveau, je gardais le silence, abandonnant toute préséance à mon hôte.

– Admirez-le, Ramond ! fit le Maître en se tournant vers le factotum de service, qui me scrutait avec une attention soucieuse. Malgré ce qu'il a vécu, il garde la tête froide et digne. Pas de folie, de panique ou de course éperdue.

– Vous connaissez mon point de vue sur la question, Alexandre. Je n'ai rien à y ajouter. Ni à y retrancher.

– Un excellent homme, mais il ne vous aime guère, mon pauvre ami.

– Tandis que vous...

– Vous me plaisez !

– Tant pis pour lui. Encore que si la fin du monde est proche, un peu plus tôt ou plus tard...

– L'Apocalypse, c'est aussi...

– ... un renouveau du monde. J'oubliais.

– Bien. Mais peut-être préféreriez-vous que nous nous promenions ?

Sous l'œil courroucé du dénommé Ramond, nous avons entamé une randonnée à travers un labyrinthe en charmille situé à l'arrière du pavillon.

– Ce dédale de verdure est à l'image du monde et de la vie, a lâché sentencieusement le Grand Cophte en s'arrêtant sous une tonnelle aux fleurs multicolores. Les humains avancent à l'aveuglette et il leur faut beaucoup de chance pour trouver une sortie honorable. La plupart, hélas, se contentent d'errer sans but ou, à force d'efforts trop répétés, ils en oublient le sens de la trajectoire, et elle s'efface. Ne pensez-vous pas qu'il est temps que l'homme restaure sa dignité, qu'il se donne les moyens d'un destin ?

– C'est la tâche que vous vous êtes assignée ?

– Qu'ON m'a assignée ! Comme au premier Cagliostro.

Le nom était lâché. Mon interlocuteur ne s'était pas contenté de ressusciter un ordre occulte disparu corps et biens dans les limbes de l'histoire. Non, il s'affirmait la réincarnation du Grand Cophte.

– Ah, vous me prenez pour un fou ! se crispa le Grand Maître comme s'il lisait dans mes pensées. Vous êtes décidément étrange, écartelé entre raison et intuition, systématisation et ouverture au singulier.

– C'est ce que me disait Val...

Le nom mourut dans ma bouche. Lorgues ! Quel rôle tenait-il dans cette histoire ?

– Ne me regardez pas ainsi. Nous n'en savons pas plus que vous sur le sort de votre Valentin-Etienne Lorgues.

Il connaissait le frère d'Ophélie ! Mais était-ce si surprenant ? Il avait l'air de tout maîtriser. Les révélations de mon détective privé ? Ou d'autres moyens, plus troublants ?

– Difficile à admettre, fis-je en affichant un détachement de plus en plus feint. Entre réincarnations...

– Que voulez-vous dire ?

Cagliostro roulait des yeux comme un caméléon, et je redoutais qu'une langue immense m'engloutisse comme un vulgaire insecte. Oui, je l'imaginais arrachant son masque d'homme pour se transformer en gargouille hideuse, en créature infernale.

– C'est la Foire aux Eternels retours, non ? Saint Jean, le

comte de Cagliostro et Nostradamus ! La coupe est pleine, même s'il y a parfois loin de la coupe aux lèvres.

– Qu'est-ce que vous racontez ?

– Interrogez vos colombes, ou vos anges.

– Faites-moi gagner du temps, fit-il à voix basse et glacée, en se mordant les lèvres.

– Valentin-Etienne Lorgues, V.E. Lorgues. Velorgues, le nom de famille originel des Notre-Dame, en général, et de notre Nostradamus, en particulier.

– Tonnerre ! rugit Ramond.

– Nous vivons dans un monde de correspondances, de symboles, de signes, soupira Cagliostro. Des réalités supérieures que ne distinguent qu'une poignée d'initiés. J'ai appris à dominer la plupart des conjonctions, mais celle-ci, Velorgues et Sauterre, Nostradamus et Sôter, le Prophète et le Sauveur...

– Je ne comprends pas.

– Sôter en grec veut dire « sauveur ». Rappelez-vous le signe des chrétiens, le poisson. *I-CH-TH-Y-S*, que les ésotéristes ont depuis des millénaires décomposé en Iesous Christos Theou Yios Sôter, Jésus Christ Fils de Dieu Sauveur.

Je le fixai, interdit. Devais-je accepter la transfiguration messianique ? Ou juger de la pertinence de ces avis de psys associant l'obsession des convergences et des signes à la névrose ?

– Au lieu de nous prendre pour des illuminés...

– ... ce que nous sommes, glissa Ramond, mais au sens noble et historique du terme...

– ... regardez en vous-même, Sauterre. Remontez le sillon de votre vie, et vous devrez admettre que vous avez négligé les signes. Comme cette accumulation de proches aux noms évocateurs. Mais ne vous tracassez pas. Moi aussi, il a fallu qu'on m'"éveille". Je suis né au Brésil. Au départ, rien ne semblait me prédisposer à un rôle important. Une enfance chaotique dans les favellas de Rio. Un père trop tôt disparu, une mère qui sombre dans l'alcool et la dépression, une grande sœur qui se prostitue pour nourrir la famille. Comme je ne m'intéressais pas au football, je n'avais d'autre horizon qu'une misère sordide et une fin à brève échéance. La colle ou la vente d'organes, une querelle de bandes de quartiers, une descente des escadrons de la mort. Un beau jour, un prêtre a remarqué que je présentais des dispositions pour l'étude et m'a arraché à la rue. Le déclic, car à peine confronté aux vertus de l'enseignement, je manifeste des dons exceptionnels. Je me mets à parler l'italien, l'espagnol, le français, l'anglais et l'allemand; je commence à dessiner avec une habileté démoniaque; je suis aussi la proie de phénomènes paranormaux : précognitions ou réminiscences, capacité de lire les maladies à travers les corps, de les soigner. A vingt ans, je suis une célébrité nationale, que les stars du sport ou de la politique viennent consulter. Puis, des experts révèlent que ma peinture reproduirait le style exact des grands peintres des siècles passés. On parle de réincarnation, sauf que je les accumulerais! Une toile à la Manet, une autre à la Breughel, et impossible, ou presque, de déceler la moindre différence. Même si je soigne gratuitement, les dons affluent et mes toiles se vendent comme des petits pains. Je prends un agent commercial et je deviens riche, fort riche. J'achète un bel appartement donnant sur Copacabana, où j'ai comme voisins les plus fameux musiciens du pays. Je m'embourgeoise et vis entouré d'une cour de flatteurs profitant de mes largesses. Et puis, un beau jour, ayant répondu à une invitation d'une galerie romaine, je traverse l'Atlantique, et ma vie bascule. On m'enlève. On me bande les yeux et on me mène dans un domaine isolé. Je descends des marches; des trappes ou des passages secrets s'entrouvrent devant nous, comme si nous pénétrions dans les entrailles de la terre. Quand on m'arrache le bandeau, je me trouve dans une salle voûtée, gothique, face à une sorte de tribunal inquisitorial. Douze hommes encagoulés. Je m'attends au pire, comme vous actuellement, mais je ne suis pas là pour être jugé mais reconnu, *éveillé*, investi.

– Le coup du serment des Templiers ! m'exclamai-je. L'initiation de Cagliostro par une société secrète voulant venger Jacques de Molay et les chevaliers du Temple, renverser la monarchie et l'Eglise de Rome. Dumas en a tiré une grande scène romanesque, mais la relation extorquée par l'Inquisition, sous la torture, fait sourire les historiens sérieux.

– Ils ont tort ! intervint Ramond.

– Le sceau du Cophte, continuai-je, avec les lettres *L.P.D.* ! *Lilium Pedibus Destrue*, « Piétinez le lys », un programme qui se passe de commentaires.

– D'autres ont lu *Loi de perfection divine*, sourit le hiérophante, ou le *L.D.P.* maçonnique du quinzième degré de l'écossisme, « Liberté de passer »... sur le pont qui mène de la Connaissance à l'Illumination. Sans compter qu'on trouve aussi ces lettres sur le trident de Paracelse, dont le credo était « Liberté, Pouvoir, Devoir ». Quoi qu'il en soit, comprenez ceci : les Illuminés de Bavière, les Templiers, les Rose-Croix et tant d'autres n'ont jamais été que des épiphénomènes, des émergences infimes, dissimulées derrière un fatras d'associations ésotériques farfelues, de l'immense iceberg de LA GRANDE LOGE BLANCHE.

La Grande Loge Blanche ! Un mythe, évoqué de-ci, delà, en rapport avec l'existence de maîtres occultes du monde, cachés au fin fond de l'Himalaya, dans les royaumes souterrains de l'Agartha ou de Schamballah.

– Les Supérieurs Inconnus m'ont annoncé que j'étais le leader messianique attendu par les cercles ésotériques du monde entier. La réincarnation d'un esprit oriental qui s'était manifesté plusieurs fois dans l'Histoire, aux moments clés de celle-ci, comme la Révolution française, dont j'avais favorisé l'accomplissement. Ils m'ont raconté avec un luxe de détails inouï toute l'épopée du comte Alexandre de Cagliostro, et, passé un premier mouvement de terreur et de scepticisme absolu, j'ai commencé à reconnaître les épisodes, à en anticiper la narration. Ajoutez-y les célèbres dons de faussaire et de thérapeute de mon prédécesseur, sans compter la connaissance de langues apprises au cours de ses infatigables pérégrinations. Je ne pouvais plus me défiler, d'autant que les Douze Maîtres stigmatisaient le gâchis de ma vie. Ils m'offraient un Destin et les moyens de l'accomplir. Car leurs fonds sont illimités, comme leur savoir et leur élévation d'esprit. Qui aurait refusé le Salut et le Trône ? D'autant que je me découvrais une famille, et la meilleure, une responsabilité : utiliser mes dons pour aider à incurver le sens de l'Histoire, sauver la race humaine en la libérant du Mal et des complexes, en réalisant l'Age d'Or annoncé par les prophéties.

J'étais trop captivé pour retenir les questions qui se bousculaient dans un crâne au bord de l'implosion.

– Je peux éliminer la piste de l'Antéchrist et de l'Apocalypse biblique.

– Mais je revendique le statut d'Antéchrist ! Ne vous fiez pas aux caricatures, mon cher. Pourquoi devrais-je avoir le pied fourchu et sentir le soufre ? N'oubliez pas le travail des auteurs et des superstitions populaires, nées de hasards malencontreux, d'interprétations sans queue ni tête. Je ne suis pas le Diable. Il n'existe pas, sous la forme que lui ont donnée les premiers siècles catholiques. Mais n'oubliez pas que le Diable, c'est aussi Satan, l'Ange déchu qui a osé se rebeller contre l'autorité du Père créateur ; c'est Lucifer, cet autre Prométhée, qui veut porter la lumière aux hommes. Mais vous dire de qui je suis le Représentant, c'est difficile. Ne soyez pas impatient. Ne vous en ai-je point dit déjà beaucoup ?

– Trop, risqua Ramond.

– Mais non. Jugez le résultat, fidèle ami : il a baissé la garde et nous montre une fascination digne, une réceptivité qui entretient certains espoirs.

– Mais l'Apocalypse, fis-je ulcéré et décontenancé, vous comptez la déclencher ?

– Je suis l'Antéchrist, mais aussi le Messie du Nouvel Age d'Or. Notre ennemi, c'est le Mal et non la rébellion. C'est la dictature du catholicisme, qui n'est qu'une hérésie issue du christianisme et non sa forme ultime.

– Mais Dieu... fis-je presque malgré moi.

– Dieu ? s'étonna le théurge. Disons que je m'intéresse aux enfants sans défense. LUI... Soit Il n'existe pas, et pourquoi perdre son temps à son propos ? Soit IL existe, mais dans ce cas il est le Père créateur, omniscient, omnipotent, immortel... et il n'a que faire de notre aide, de nos soins. Imaginez un père qui déserte le foyer conjugal pour vaquer à d'autres aventures, ou qui souhaite que ses enfants restent à tout jamais des enfants... Qui laisse sa progéniture jouer à proximité d'un animal dangereux ou lui désigne avec ostentation une tentation interdite. Comment le jugeriez-vous ? Pervers, irresponsable, égoïste, despotique ? Et l'adolescent qui veut grandir, comprendre l'univers, se forger sa propre opinion, tracer son sillon de ses mains ?

Cagliostro avait plongé ses yeux exorbités dans les miens. Je subissais le charme d'un discours fascinant qui rencontrait des interrogations enfouies depuis des années dans les régions reculées de mon âme. Mais soudain il s'est passé quelque chose. L'éblouissement cédait la place à l'envoûtement, à une sorte d'engourdissement. Comme si mes pensées se mettaient à refluer en désordre, et ma volonté à leur suite. J'ai compris que j'affrontais le pouvoir de suggestion du Grand Cophte, et j'ai tenté de le repousser. Il restait tant de questions à poser. Qu'était-il advenu de Circé ? Etait-il possible qu'ils n'aient joué aucun rôle dans sa disparition ou celle de Valentin ? Et loin en aval, Ophélie... Qui ? Pourquoi ? Et les prophéties de Malachie et de Nostradamus ? Rupert Cradock ? Et moi, là-dedans, qu'est-ce que je représentais ? Et le monde, quel sort lui réservaient-ils ? Et comment ? Comptaient-ils *hâter* le Jour du Dernier Pape ?

Hélas, il était trop tard pour relever le pont-levis de mon esprit. La citadelle était investie, je tombais.

CHAPITRE VINGT-TROISIÈME

Si ce que tu as trouvé est fait de matière pure, cela ne pourrira jamais. Et tu pourras y revenir un jour. Si ce n'est qu'un instant de lumière, comme l'explosion d'une étoile, alors tu ne retrouveras rien à ton retour. Mais tu auras vu une explosion de lumière. Et cela seul aura déjà valu la peine d'être vécu.
(P. COELHO, *L'Alchimiste*)

LE TROU NOIR, à nouveau.

Je me sentais glisser le long des parois d'un entonnoir de sable. Cette hantise du fourmilion, lovée dans la tanière de mon cerveau. La réminiscence d'une vie antérieure, où j'aurais été insecte ?

Un son qui paraissait venir d'une autre galaxie a brisé la coque de mon cauchemar, telle une ancre cisaillant le fond marin. Ma conscience s'est enroulée autour du filin salvateur et a entrepris une remontée rapide vers la surface.

J'émergeai. J'étais assis sur un banc de pierre situé au cœur du labyrinthe de verdure. Cagliostro et Ramond avaient disparu. J'étais seul.

Comme un enfant qui découvre la mobilité, je vérifiai si mes membres m'obéissaient encore. Une main, puis l'autre. Je me levai.

Quelle était la suite du programme ? J'avais beau tenter de rassembler mes idées, tout me paraissait incohérent, trop singulier. Pourquoi m'avait-on enlevé, si c'était pour me laisser fuir ? A moins qu'on me laissât me diriger vers une autre représentation édifiante ? Mais quel jeu ! Cette sensation d'avoir atterri dans un univers absurde, onirique.

J'en étais à m'interroger sur la direction à prendre quand une mélodie m'a retourné l'âme. Du violoncelle, dans ce parc, à quelques dizaines de mètres de moi. Et c'était l'une des *Suites* de Reger. *Sa* musique. Circé ?

Mon cœur battait à tout rompre, et pourtant je n'osais pas crier, de peur que la musique s'interrompît, que le charme s'évanouît. Je voulais rejoindre la source du miracle, mais les allées étaient si tortueuses qu'il me semblait revenir inexorablement au point de départ. Le labyrinthe s'apparentait à un tonneau des Danaïdes, où se perdaient mes pas, et je m'arrêtai, désemparé, songeant à la torture par l'espérance. Mais je ne pouvais résister au chant des sirènes, de *la* sirène, de *ma* sirène. Il me fallait franchir ce Rubicon de verdure qui me séparait de la Terre promise. Au bout du voyage, il y avait Cithère et Vénus, la déesse de l'amour.

Au bout de combien de tours et détours parvins-je à franchir l'ultime charmille ? Une éternité d'espoir et de désespoir conjugués m'avait rendu hagard, et j'ouvrais des yeux ahuris sur une étendue d'eau. Je croyais distinguer une piscine, précédée par un parterre de mosaïques, des jarres antiques et quelques degrés menant à la baignade ; mais, à l'arrière-plan, j'apercevais une berge tapissée de bouquets de papyrus, une surface jonchée de nénuphars. Pour un peu, je me serais attendu à voir émerger un crocodile ou une famille d'hippopotames. Mais de Circé, nulle trace. Et je n'entendais plus le violoncelle qui m'avait guidé. Avais-je rêvé ?

D'autres que moi se seraient mis à courir, à traverser le domaine en quête de liberté. Mais je me suis assis au bord du bassin, désespéré par l'absence, par le jeu, par la folie. Puis, dans mon dos, la mélodie s'est élevée, un souffle de paradis. Je me suis retourné, oppressé par l'émotion et, d'un coup, je L'ai aperçue. Elle me souriait, adossée contre la muraille de verdure, un violoncelle déposé à ses pieds. Elle était aussi belle que dans mes souvenirs, c'est-à-dire au-delà de toute description, une oréade, une elfe, une héroïne de fantasmagorie. Et j'aurais échangé toutes les apparitions mariales contre celle-ci, accepté la damnation éternelle pour la toucher, la sentir, la serrer.

Sans un mot, nous nous sommes dirigés l'un vers l'autre et nous nous sommes longuement étreints, comme des époux séparés par des années de camp d'extermination. Il y avait quelque chose d'indéfinissable, à mille années-lumière du désir de la chair, une sensualité mystique, un bonheur absolu. A cet instant privilégié de ma vie, alors que tant de questions auraient pu m'éclater au visage et corrompre le Grand Œuvre qui s'opérait en moi, une certitude irréfragable et définitive m'a submergé : je tenais dans mes bras la femme de ma vie, celle dont l'absence me serait à jamais souffrance, comme si des vies antérieures partagées nous avaient octroyé cette gémellité fabuleuse.

– Et si tu me racontais comment tu t'es retrouvée ici ? Et quand je dis ici, je ne sais pas dans quel pays nous sommes, ni sur quel continent. A la limite, je me demande si je suis vivant, si je ne rêve pas.

J'avais rompu le moment de suspension du temps durant lequel nous avions épuisé les aspirations de la passion. Je n'étais plus ce bateau ivre qui s'abandonne docilement à la houle mais, revisité par la raison, je me remettais en quête du fanal, du phare, qui me ramènerait au port de la compréhension. Fière ou triste verticalité de l'esprit viril.

Nous étions couchés côte à côte le long de la piscine. J'enlevai le bras passé sous sa nuque et je me redressai à demi, contemplant son corps nu couvert de perles d'eau scintillant au soleil. Il me semblait m'interposer entre Rê et Vénus, et je m'extasiai de mon audace prométhéenne.

– Tu dois apprendre à distinguer l'essentiel de l'accessoire, a lâché Circé avec un sourire qui me laissait pantois. Je préfère oublier les circonstances qui m'ont amenée ici. J'y suis, voilà l'important. Avec toi, voilà l'essentiel.

Que répondre à cela ? J'étais partagé entre ravissement, stupéfaction et irritation.

– De toute manière, les gens qui possèdent ce domaine ne nous veulent aucun mal.

– Nous sommes prisonniers.

– Retirés de la circulation, plutôt. Es-tu enfermé, maltraité ? Tu préférerais être ailleurs ?

– Mais...

– Le soleil, la nature et l'art, la femme que tu aimes, et tout ce que tu désires, ou presque. Moi, j'ai compris qu'on nous offrait le paradis. Alors, le reste...

– Ils projettent la fin du monde ! Ils veulent assassiner le pape !

Circé a éclaté de rire.

– Mon chéri, tu débarques ici comme sur la lune. Attends d'y trouver tes repères. Fais-moi confiance.

Quelque chose m'échappait. Mais il y avait du vrai dans ce que Circé m'assénait. J'avais tellement regretté sa disparition, souhaité la retrouver... Quoi d'autre pouvait encore compter ? Que m'importaient les entreprises de l'Egyptien si elles nous offraient l'Eden et ses délices ? Que valait le sort du monde contre une Circé ? Et puis, Cagliostro pouvait-il être mauvais, s'il nous voulait tant de bien ? N'étais-je pas face à lui, l'Antéchrist revendiqué, comme le fidèle d'une de ces religions révélées dont les mystères nous dépassent ? Ne pouvais-je m'abandonner à la soumission de la foi, à l'acceptation humble et patiente de mes limites ?

J'ai baissé la garde et suivi docilement Circé à travers les sentes forestières du domaine. Où allait-elle me conduire, elle dont l'aisance en ces lieux extravagants ne laissait pas de me décontenancer ?

*

* *

Après une promenade qui m'a paru durer des heures, nous avons débouché sur un promontoire herbeux qui s'affaissait brusquement en une pelouse se jetant au pied de la résidence-château où j'avais été séquestré. Nous étions à l'arrière du bâtiment et je tentai de déterminer de quelle tourelle j'avais lancé mon premier regard sur cet Eldorado surréaliste. Mais ma compagne n'avait cure de ces explorations, et je dus m'arracher à mes cogitations de peur de la voir disparaître. Où courait-elle donc si résolue, si sereine ?

Droit devant nous, au centre de l'imposante façade, il y avait une porte cochère en chêne couverte d'étranges dessins. Des signes cabalistiques. Circé a frappé le marteau en fer forgé sur le contre-heurtoir, et les deux battants se sont écartés. Un hall immense, qui distribuait galeries et escaliers dans toutes les directions, comme un soleil ses rayons. Et d'ailleurs l'astre cher aux Egyptiens se trouvait figuré sur le carrelage, de même que sur la livrée du laquais qui nous ouvrait silencieusement le chemin. Je me tenais coi, m'attendant à tout et à son contraire, médusé par l'assurance de mon amie, par la majesté hiératique du lieu.

Des couloirs, des portes, des halls, et nous avons abouti dans un living d'un luxe inouï. Des caissons historiés au plafond, des tapisseries aux murs, mille et un objets dignes d'enrichir les plus belles sections égyptiennes de nos musées. Et puis, au milieu de la pièce, une table d'au moins dix mètres et, assis à la tête de celle-ci, le maître de maison, Cagliostro lui-même, vêtu d'élégantes soieries immaculées.

– Asseyez-vous, mes amis, vous avez certainement grand appétit, et nous avons ici de quoi sustenter les plus fins palais.

Nous nous sommes attablés au côté du Grand Cophte, Circé à sa gauche et moi à sa droite, comme des disciples privilégiés. Des laquais ont surgi du néant, nous apportant plats et bouteilles. Je songeais à Perceval et au château du Graal. Mon destin dépendait-il de mes réactions ? Devais-je observer la plus stricte retenue, ou fallait-il poser les bonnes questions ?

J'ai levé les yeux vers Circé. Elle me regardait en souriant, mais son étrange expression avait disparu. Je ne comprenais pas ce qui s'était passé , et j'aurais voulu l'interroger, lire dans ses pensées à la manière de ces médiums que je ne cessais de côtoyer.

– Mes enfants, a repris Cagliostro en levant une coupe de champagne, je bois à votre séjour dans notre centre du Rite égyptien. Qu'il vous soit un avant-goût du monde que nous destinons à l'Humanité. C'est-à-dire un long moment d'ambition, de dignité et de félicité. Je dois rassurer notre jeune ami, pour qu'il puisse profiter sans remords des délices du domaine. Comme Circé le sait déjà, nous ne sommes pas des assassins. Nous ne comptons pas déclencher l'Apocalypse, puisqu'ELLE est inscrite dans les livres, et dans le destin de ce monde. Depuis des milliers d'années, nous demeurons dans l'ombre, attendant le moment prédit, nous y préparant le mieux possible, nous conformant aux arrêts du Très-Haut mais décidés à en changer la portée.

– Et l'assassinat du pape ?

– Vous avez mal entendu. Nous attendons la mort de Jean-Paul II, bien que son entourage, cette lie du monde civilisé, ait eu moins d'égards à l'encontre d'Albino Luciani.

– L'assassinat de Jean-Paul Ier ! fis-je incrédule. Une couleuvre que les tabloïds ont accréditée sans jamais la prouver.

– Nous en avons la preuve. Les preuves. Je vous les détaillerai à l'occasion. Quoi qu'il en soit, lorsque le dernier pape aura été élu, la *Gloire de l'olive*, nous déclencherons la phase finale de notre opération millénaire. Pour entraver le chaos !

– Je croyais que Cagliostro était un adorateur de Seth, le propagateur du désordre.

– Ah non, pitié ! Pas de balivernes à la Saint-Rémy ! Ce type est fou, que diable !

– Ce qui serait le cas de le dire.

– Allons, Sauterre, pas de digressions stupides. Cet homme est un névrosé, qui voit partout la main de Satan, quand ce n'est pas celle des Juifs ou d'un autre bouc émissaire.

– Vous voudriez nous faire croire que vous ne visez que le Bien absolu ?

– Oui. Le Bien. Au sens où vous l'entendez, car je ne fais pas de politique, je ne m'évertue jamais à cacher l'esprit de mes discours.

J'admettais difficilement l'innocence de l'univers occulte qui m'entourait.

– De toute manière, sourit Cagliostro, votre adhésion n'est pas si pressée. Doutez, si bon vous chante, en songeant qu'il eût été plus simple de vous éliminer. Mais les obstacles, en pacifistes accomplis, nous préférons les retourner, comme votre ami Cradock. Utiliser la force qui vient contre nous pour la renvoyer, plus forte encore, vers le péril qui menace.

– C'est très asiatique.

– Mon cher, comme je l'ai dit dans une vie précédente, « toute lumière vient de l'Orient ».

– Vous ne nous éliminez pas, soit. Mais vous étiez intrigué par mon nom, le symbolisme que vous y décelez. Oui, vous pourriez avoir reculé, de peur d'aller à l'encontre des principes sur lesquels repose votre édifice. Laisser faire les signes.

– Intéressant. Je n'aurais pas dû alimenter votre imagination, suffisamment fertile sans les dérapages de ma franchise. Faites donc fausse route quelque temps.

– Vous nous avez enlevés. Et pourtant, quelle importance dérisoire pourrait-on représenter dans vos plans ?

– Vous étiez sur mon chemin. Et vous me plaisiez. Il y a les signes, aussi ; c'est ma religion, ou peu s'en faut, comme vous l'avez rappelé. Alors, s'appeler *le Sauveur* au moment de l'Apocalypse...

– Quand vos plans seront réalisés...

– ... vous vivrez où bon vous semble.

Nous avons continué à parler en nous attaquant au foie gras, aux huîtres et au saumon qui narguaient nos discours apocalyptiques. Je remarquai que Circé se tenait en retrait, observant nos échanges avec attention. Moins surpris par cette attitude que par la précédente, j'attribuai sa réserve aux connaissances qu'elle avait accumulées au contact de nos geôliers.

Entre deux réparties, il m'arrivait de marquer un temps d'arrêt, d'envisager ma nouvelle vie partagée entre ébats amoureux, promenades ou baignades, discussions intellectuelles et lectures. Il ne me resterait plus qu'à réintégrer l'écriture, et le monde pouvait s'arrêter de tourner : j'avais trouvé l'Eldorado, le Royaume du Prêtre Jean, le pays de Cocagne. Dans mon esprit, l'Enfer cédait la place au Paradis, la réalité se réorganisait, se moulait une nouvelle consistance. Je me doutais que ma conscience et ma curiosité me pousseraient à investiguer davantage, mais l'Amour y mettrait un frein, sinon des a priori de plus en plus favorables.

Au moment où je pensais atteindre le sommet d'une parabole, je l'avais déjà franchi sans entrevoir le précipice qui m'ouvrait les bras. Tout a basculé alors que je portais une coupe de champagne à mes lèvres, quand le pétillement du doux breuvage s'est mué en bulles de savon m'explosant au visage comme un rêve anéanti.

Un remue-ménage incongru au milieu d'un repas raffiné. Des regards effarés qui se portent vers le mur du salon, vers un pan de bibliothèque qui pivote violemment, projetant au sol plusieurs rangées de livres rares. Et là, soudain, au sortir du passage secret, en perte d'équilibre après la poussée salvatrice, le visage décomposé par la peur, l'espoir, la surprise... Valentin-Etienne Lorgues !

– Sauterre ! s'est-il écrié en me lançant un regard éperdu.

Je m'étais levé d'un bond et m'apprêtais à venir à sa rencontre, quand une silhouette a jailli de la béance et s'est jetée sur mon ancien compagnon.

– Arrêtez ! a crié une voix autoritaire, alors que j'allais intervenir, dégager Valentin.

Ramond venait d'apparaître dans l'encadrement du passage secret, avec les traits tendus, un regard où se mêlaient la glace et la braise.

Je me suis tourné vers Cagliostro et Circé, cherchant une

explication. Ils étaient debout, très rapprochés. Trop même, car le Grand Cophte avait posé le bras sur l'épaule de mon amie, et il la serrait contre lui.

– Vous n'étiez pour rien dans la disparition de Valentin ? ai-je lancé rageur, dégoûté.

– Je ne vous ai pas menti, a murmuré le hiérophante en pâlissant. Je ne savais pas...

– Sauterre ! a hurlé Lorgues en s'arrachant à l'étreinte de son adversaire. Vous avez rejoint leur camp ?

– Mais non, j'ai été enlevé. Comme vous, comme Circé.

– Cette fille ?

Derrière Valentin, Ramond et son acolyte avaient été rejoints par des laquais. Ils allaient se jeter sur le fuyard, quand un geste impérieux du Grand Cophte les arrêta.

– Oui, je l'ai connue après votre disparition. Elle...

– Ne me dites pas... Mais si, je vous ai vus. A Rome. Je vous ai suivis... Vous êtes amoureux ! De cette...

– Pourquoi vous en prendre à Circé ? Si elle en est là, c'est à cause de moi, de vous !

Valentin a éclaté de rire. Un rire nerveux, très pénible. Le temps avait suspendu son vol. Tous les acteurs du drame attendaient la suite des événements sans oser intervenir. J'ai regardé Ramond qui présentait un visage marmoréen, puis Cagliostro qui paraissait déconfit, surpris, interdit. Enfin Circé, dont les beaux, les si beaux yeux étaient embués, troublés, déchirés par la tristesse.

– Je ne comprends rien.

– Elle fait partie de la bande, a déclaré Lorgues en se reprenant. De la bande qui nous a enlevés, qui menace le monde, qui...

– Il est fou. Ce n'est pas possible. Circé ? Dis quelque chose !

– Je t'aime.

– Mais... tu n'as rien à voir avec eux ?

– Cagliostro... a-t-elle difficilement articulé, c'est mon père.

– Ce sont les assassins d'Ophélie ! a clamé Valentin, comme un remords jailli d'outre-tombe.

– Calmez-vous ! a fait Cagliostro. Nous ne sommes pas des meurtriers, je puis vous le...

– Mais si ! a hurlé Lorgues. Je vois les mains qui étranglent Ophélie. Le visage qui demeurait caché dans les ténèbres du passé et du Mal... C'est vous ! Vous l'avez étranglée !

Valentin s'est précipité vers le Grand Maître du Rite égyptien mais s'est trouvé plaqué au sol par de solides armoires à glace. Sous moi, le sol tremblait et je vacillais. Je me suis pourtant arraché à mon désespoir pour me jeter dans la mêlée, balançant coups de poing et de pied dans la masse informe qui engloutissait mon compagnon d'infortune. Durant un instant, j'ai cru que j'étais devenu Batman ou Robin, car les obstacles cédaient sous mon assaut, aspirés par une force centrifuge. J'ai entrevu le visage de Lorgues qui se tournait vers moi. De grands yeux en forme de cierges illuminés par l'espoir. Ou l'amitié.

– Sauterre !

A cet instant, un choc sur le crâne m'a fait hurler de douleur, et je me suis effondré dans un océan de bitume noir et poisseux. Un océan où s'abîmait la dernière des îles fortunées.

CHAPITRE VINGT-QUATRIÈME

L'heure de l'impatience est passée; au point où j'en suis, le désespoir serait d'aussi mauvais goût que l'espérance.
(M. YOURCENAR, *Mémoires d'Hadrien*)

UN INTERLUDE pavé des carreaux noirs du néant. Mais ces plongées impromptues dans les délires de la nuit m'étaient devenues familières, et je ne m'attardais plus à franchir pas à pas les différentes étapes de la reprise de conscience. Quand j'émergeai, je découvris qu'on m'avait reconduit dans ma chambre de la tourelle. Il y avait à présent un second lit, sur lequel était étendu Valentin-Etienne Lorgues.

– Comme au bon vieux temps ! a fait celui-ci en me souriant.

– Sauf que les choses ont drôlement évolué.

– Plutôt notre perception de celles-ci.

– Non, il y a eu Circé.

– Evidemment !

Valentin a compris qu'il valait mieux me laisser tranquille. Je venais de retrouver Circé et de toucher au bonheur, et celui-ci s'évanouissait derrière un smog qui m'irritait la gorge, les yeux et l'âme.

Il me fallait aller à rebours. Avant le trou noir, il y avait eu une révélation brutale, et d'autres plus contingentes. Mais le drame, l'action avaient tout emporté ; je n'avais rien digéré, mesuré.

Circé est la fille de Cagliostro. Cagliostro est l'assassin d'Ophélie. Les informations se télescopaient dans mon cerveau broyé, lui donnant le bourdon, la nausée. Mais Circé m'avait réitéré son amour, son père son innocence.

Après quelques réflexions qui me confrontaient à des impasses, je me suis tourné vers Valentin, qui avait patienté en silence, assis près de la fenêtre, le regard perdu vers le domaine. Etait-il blessé par le peu de cas accordé à nos retrouvailles ?

– Je suis content de vous retrouver, ai-je fini par lâcher en me reprenant.

– C'est réciproque. Et j'ai apprécié votre intervention, d'autant qu'elle était vouée à l'échec. « Les chants désespérés sont les chants les plus beaux ».

– J'aimerais y voir plus clair.

– Jouons aux vieux marins déroulant la trame de leurs aventures.

– Il nous manque le feu ouvert et les pipes.

– L'imagination y pourvoira.

Je me suis calé dans un fauteuil, chassant d'un revers mes pensées les plus sombres. Qu'aurais-je donné il y a peu encore pour comprendre les tenants et aboutissants de mon aventure ? J'avais commencé à accumuler les pièces du puzzle, mais je disposais à présent de l'un de ses concepteurs. Tout allait-il s'éclairer ?

– Rappelez-vous notre épopée, a débuté Lorgues : le Père-Lachaise, Bruxelles, Belle-Ile et Rome ; ma vision de Saint-Paul. Nous nous promenions sur la *piazza Navona,* quand soudain...

Valentin s'est arrêté pour mesurer son effet, ne pouvant

s'empêcher de cabotiner. Avait-il été acteur dans une autre vie ?

– Vous avez suivi une fille. C'était Circé ?

– Evidemment. Ophélie nous avait envoyés à Rome, parce que c'est ici que tout doit se jouer.

– Ici ?

– Oui, nous sommes à Rome. Enfin, à proximité. Mais laissez-moi continuer, sinon nous n'y arriverons pas. A Rome, la fin de la papauté, la réalisation des prophéties et les lieux de leur sublimation. A Rome, la base du Rite égyptien restauré, les réunions des principaux représentants de la société. Donc, *piazza Navona,* nous croisons la fille qui m'est apparue dans la vision de Saint-Paul. Je la file. Seul, pour éviter d'être repéré. Elle me balade à travers la Ville éternelle, à pied, s'arrêtant dans des pubs, des restaurants, qui sont peut-être autant de relais de son organisation. Finalement, elle prend un bus jusqu'au Janicule, s'aventure dans un quartier résidentiel haut de gamme et pénètre dans l'une des propriétés. Après un moment d'hésitation, je me risque à l'intérieur du domaine. J'aurais souhaité vous prévenir, mais je pouvais perdre sa trace, et qui dit que nous avions les moyens de la retrouver ? Je parviens à pénétrer dans la villa, en profitant d'une fenêtre ouverte, mais je me perds à l'intérieur, je manque d'être surpris, je recule et suis contraint de me réfugier dare-dare dans les caves. Où l'on me suit, sans se rendre compte de ma présence. Mais l'on referme la porte à clé, et me voilà coincé. Je ne sais plus quoi faire. La porte est solide, et je n'ose tenter de la défoncer. Je décide d'attendre le temps qu'il faudra. La configuration du lieu permet de se cacher, de laisser passer un visiteur et de remonter à son insu. Le problème, c'est qu'un jour passe, puis deux. Heureusement, il y a de quoi me nourrir discrètement et me protéger de la fraîcheur de la nuit. Mais je recule sans cesse le moment de me manifester. Car si les gens de la villa ont un rapport avec la mort d'Ophélie, ils n'hésiteront pas à m'éliminer. L'attente dure des jours, infernale, car je finis par me demander si elle cessera, si je ne vais pas craquer. Je me dis que vous allez me prendre pour un affabulateur, que vous êtes rentré à Paris. Au moment où je commence à désespérer, une opportunité se présente. Je quitte la cave, je fuis la villa. Avant de reprendre la route, partagé entre l'euphorie et l'inquiétude, je jette un coup d'œil au nom de la résidence. « La Maison de Vie ». Mon franc tombe. Cette dénomination singulière était employée dans l'Egypte pharaonique pour désigner les centres essentiels de la vie culturelle. Des instituts complexes, à départements multiples, qui géraient la formation des scribes, les étapes de la momification. Je repense à l'Egyptien des visions. En un éclair, j'entrevois un pan du mystère, et j'aspire à soulever la suite du voile en votre compagnie. Mais... Est-ce la fatigue accumulée, l'angoisse ou la commotion de la révélation ? Soudain, j'ai un flash, accompagné d'un malaise : je vous ai vu riant bras dessus bras dessous avec la fille de la *piazza Navona*. Que dois-je en penser ?

Perplexe, je redescends vers la ville, passe un coup de fil à proximité de la pension et demande à vous parler. Je m'attends à ce qu'on m'apprenne votre départ, mais vous êtes encore là.

Je vous fixe rendez-vous sur la place Saint-Pierre, mais le doute s'est installé. Je décide de vous suivre à distance, je me cache près de la pension, guettant votre sortie. Une initiative risquée, car vous m'avez aperçu, mais justifiée par la suite des événements. Car, au lieu de filer vers la cité vaticane, vous traversez les pinèdes de la Villa Borghese et rejoignez un immeuble cossu dans lequel je reconnais l'un des points de chute de la beauté de la vision.

Quand vous ressortez, je n'ai plus la force de vous emboîter le pas, convaincu de tomber dans un traquenard. Effondré, je ne parviens pas à choisir une ligne de conduite. Ou plutôt, terrifié, j'imagine des aéroports et des gares surveillées, des sbires me traquant dans tous les coins de la Ville éternelle. Un réflexe : quitter la capitale italienne, prendre le premier bus pour un bourg voisin et de là un autre, et puis un autre... A distance respectable de Rome, j'ose m'aventurer dans une gare et j'embarque dans le premier train à destination de Paris. Et vous, Sauterre, pendant ce temps ?

J'étais tellement fasciné par le récit de mon ami qu'il me fallut une bonne demi-minute pour réaliser qu'il me cédait le relais.

– Nous avons vécu deux épopées parallèles, finis-je par lâcher. Deux plongées en apnée dans l'absurde.

– Et dans la solitude, la peur, renchérit Valentin.

Je hochai la tête, puis entrepris la narration de mes propres aventures, jusqu'à mon départ pour Paris.

– A mon avis, reprit Lorgues, *ils* ont des informateurs un peu partout. Une fuite à la police lors de votre première déposition, et on vous lance Circé dans les jambes. Pour mettre la main sur moi, sans doute, car ils devaient se demander ce que j'avais appris, ce que je comptais faire.

Circé. Ainsi notre rencontre n'avait été qu'une habile mise en scène ? Mais le Tivoli ? Dieu, que la flèche était acérée !

– A Paris, continua Valentin, je me suis mis à espionner votre immeuble, à guetter votre retour. Et vous êtes revenu. Je vous ai suivi plus d'une fois à distance, découvrant que d'autres vous surveillaient.

– Un homme au complet bleu ?

– Et un second, qui restait de faction devant votre domicile. Vous paraissiez tourmenté, et vous rameniez des mannes de livres. Sans parler de votre visite à Saint-Rémy. Tout indiquait que vous poursuiviez notre enquête, que vous aviez été manipulé sans avoir pactisé avec l'ennemi. Je réfléchissais à la manière de reprendre contact quand vous vous êtes volatilisé. J'ai eu un moment d'abattement. Comment vous retrouver ? Etiez-vous caché dans une chambre d'hôtel parisienne ou aviez-vous gagné Bruxelles, Rome ? Vous pouviez aussi bien être à Belle-Ile, aux States ou au Brésil. Et nos adversaires étaient peut-être sur vos traces. En désespoir de cause, je suis retourné à Montmartre pour en savoir davantage sur ce Saint-Rémy. Un écrivain qui voit des complots partout, un pourfendeur de sociétés occultes, un spécialiste de Cagliostro. Je me demandais où vous vouliez en venir. J'ai acquis ses bouquins, j'ai commencé à les lire et, stupéfait, j'ai découvert le fil d'Ariane de votre pensée. Confronté à l'horreur de mes suppositions, j'ai choisi de rallier Rome. Là où Ophélie voulait que je me rende, là où se préparaient des événements à portée eschatologique. Le Vatican m'a paru l'ultime recours. Où pouvais-je trouver des gens de qualité, d'autorité, susceptibles de prêter foi aux visées de l'Antéchrist, aux fins dernières de la race humaine ou de la papauté ? J'ai réussi à parler à un responsable de la sécurité, qui a accepté d'en référer à un supérieur. Un cardinal m'a reçu en audience privée, un sexagénaire qui m'a écouté en silence, sans trahir la moindre réaction, posant çà et là quelques questions fugaces. L'entretien terminé, il m'a promis de me recontacter et m'a demandé les coordonnées de mon hôtel. J'ai quitté le Vatican avec le sentiment du devoir accompli, l'espoir que les choses bougeraient enfin. N'avais-je pas livré des pistes exploitables en dénonçant les lieux visités par votre mystérieuse sirène ? Hélas, j'ai joué et perdu. L'ennemi que nous affrontons a le bras ou les oreilles d'une longueur impressionnante. A peine étais-je sorti et avais-je ouvert la bouche que je me suis trouvé bâillonné. Dans tous les sens du terme ! Une voiture qui s'arrête à un coin de rue, un revolver braqué sous ma gorge et me voilà embarqué, chloroformé. Quand je me réveille, je suis dans une pièce sans fenêtre. Trois hommes face à moi, qui m'obligent à les suivre. Je me trouve dans une galerie souterraine, en compagnie de guides qui ne répondent à aucune de mes questions. A la fin, nous atteignons un couloir tapissé de portes blindées. L'une d'elles est ouverte. Soudain, l'un de mes gardiens semble victime d'une crise cardiaque. J'en profite pour renverser celui qui me précédait. Un réflexe me précipite dans la galerie perpendiculaire. Une petite course m'amène devant un panneau en bois. La fin de mes espoirs de fuite ? Non, je pousse et un pan de mur pivote. Vous connaissez le reste.

Je racontai à Valentin la suite de mes aventures, depuis ma fuite parisienne jusqu'à nos rocambolesques retrouvailles.

– Et maintenant ? fis-je après un silence peuplé de nos méditations. On me traitait avec des égards que je m'explique mal.

– Peut-être Cagliostro vous regarde-t-il comme un gendre.

Je fixai Lorgues. Il ne plaisantait pas. Voulait-il insinuer que Circé était amoureuse de moi ? Mais que pouvait-il découler de nos relations ?

– Et vous là-dedans ?

– Moi ?

– Vous ressemblez un peu trop à Cagliostro. Pas physiquement. Mais ces dons de voyance, la passion de la peinture, une manière de... Et votre nom.

– Mon nom ?

– V.E. Lorgues, Velorgues, le nom véritable des Notre-Dame, de Nostradamus.

Des éclairs ont parcouru les yeux de mon compagnon. Toute fadeur avait disparu de ses traits incertains. Une tension brutale s'était installée entre nous, comme si deux adversaires, deux rivaux se jaugeaient avant l'affrontement. Puis, brusquement, Valentin a laissé éclater un rire profond, qui dévalait la pente de ma circonspection à la manière de l'Iguaçu ses chutes prestigieuses.

– Vous êtes brillant ! s'exclama-t-il, après une sortie digne d'études bergsoniennes. Oui, quelle que soit l'issue de cette aventure, même la plus fatale, je ne pourrai que me féliciter de notre rencontre.

– Vous ne répondez pas à ma question.

– Le mystère est ma coquetterie suprême, mon ami. Je préfère vous laisser rêver.

– Ils vous feront parler.

– Je ne crois pas.

– L'hypnose.

– Nous verrons.

– Vous m'agacez à un moment où l'on n'en a nul besoin.

– Qu'importe mon identité, toute étiquette. Jugez-moi sur pièce. Ne pensez-vous pas me connaître ?

– Je n'aurai pas cette prétention.

– Il n'y a peut-être pas grand-chose à découvrir. Gardons l'aura.

J'allais exploser mais je me suis retenu, choisissant de me murer dans un silence boudeur. Lorgues n'a pas insisté, préférant s'escrimer avec ses propres supputations quant à notre avenir.

Quelques minutes plus tard, Circé est entrée dans la chambre. Derrière elle, quatre hommes de main, mais elle leur a claqué la porte sous le nez.

– J'ai fait éteindre micros et caméras, a fait la fille du Grand Cophte avec un naturel déconcertant.

– Nous pourrions vous prendre en otage ! risqua Lorgues, en se levant.

– Je viens en amie. Nous avons des choses à nous dire.

Circé s'est assise sur le lit, à mes côtés, indifférente à la menace de mon compagnon. J'avais envie de lui poser mille questions, mais je ne savais par où commencer.

– Le cours des événements vous désoriente tous les deux, mais réfléchissez. Quel intérêt aurait-on à vous conserver en vie si nous n'étions pas animés des meilleures intentions ?

– La peur des signes, ai-je avancé...

– ... aurait dû vous causer des soucis ! La prudence l'emporte sur la curiosité quand on nourrit des desseins aussi élevés que les nôtres. Nous devrons répondre de nos actes devant les Supérieurs de la Grande Loge Blanche, ne l'oubliez pas.

La référence aux maîtres himalayens me mettait mal à l'aise.

En d'autres temps, j'aurais eu la certitude de me trouver confronté à une fanatique lobotomisée, mais Circé paraissait si intelligente...

– J'ai vu votre père...

– Mais parlons des phénomènes extrasensoriels, Monsieur Lorgues. Vous êtes fort naïf à leur endroit ! Et la complexité des visions, qui n'a d'égale que celle des rêves ?

– Que veux-tu dire ?

– Je vais te raconter une anecdote, qui t'éclairera mieux que toute théorie. Un jour, l'un des plus grands médiums français consulte lorsque s'impose à lui la vision d'un bateau renversé et de six cadavres flottant aux alentours. Il met en garde son patient qui lui apprend qu'il doit accomplir une croisière en compagnie de cinq amis. Prudent, le consultant annule son voyage malgré les moqueries de ses camarades. Peu de temps après, le yacht se retourne, entraînant dans la mort ses cinq passagers. Le patient aurait-il échappé au destin ? Hélas non. Au même moment, il se noyait dans sa baignoire.

– Je ne comprends pas où tu veux en venir.

– Aux arrêts irrévocables du destin ? La question est controversée.

– Mais non, Valentin. Je veux parler du contenu symbolique des visions, de la nécessité d'admettre qu'elles ne sont pas toutes perceptibles au premier degré. Comme dans le registre onirique, elles peuvent être la superposition, la recomposition d'éléments disparates.

– Autrement dit, même si Valentin a vu ton père...

– ... cela ne fait pas de celui-ci le meurtrier d'Ophélie, si tant est qu'elle ait été assassinée.

– L'appel de ma sœur, je ne l'ai pas rêvé ! grogna Lorgues.

– Ophélie aurait pu... hésita Circé. Elle aurait pu entrer en contact avec le Rite. Je ne sais trop comment, mais tant de choses nous échappent dans ce domaine. Nous observons les phénomènes, pouvons parfois les provoquer, les reproduire, mais nous n'en comprenons pas vraiment le processus. Elle aurait été tellement troublée qu'elle en aurait perdu la tête, aurait halluciné...

– Où était ton père au moment des faits ?

– Pas à Bruxelles, en tous les cas. Il me l'a juré.

– Tu l'as interrogé. Tu doutes !

– Un moment de confusion, vite balayé par les évidences.

– Mais il n'était pas à Rome, avec toi. Donc...

Circé a compris qu'elle nous convaincrait difficilement. Il lui faudrait du temps, et d'autres arguments. Elle se promettait d'en trouver auprès de Cagliostro lui-même.

– Quoi qu'il en soit, a-t-elle conclu, mes sentiments pour toi n'ont pas changé.

– Ce n'est pas que je sois jaloux de nature, mais là, pour diverses raisons, vous me gênez, a lâché Lorgues en se dirigeant vers la salle de bain. Prenez votre temps pour vous expliquer sans moi ; je prends un bain, un très long bain.

Circé et moi nous sommes retrouvés en tête à tête. Des gardes derrière une porte, Val de l'autre ; des micros et des caméras au repos. Etrange sensation. Une intimité furtive, excitante et inconvenante.

– Si je comprends bien, ai-je osé en tournant la dague dans ma plaie béante, le Tivoli, c'était prémédité ? Le coup de la passion, le jeu des révélations...

– C'est plus compliqué. J'ai décidé d'organiser notre rencontre sous prétexte de servir la cause, mais je voulais découvrir l'homme qui avait tout abandonné pour poursuivre une chimère, qui bravait ses interdits, ses peurs pour affronter l'inconnu, le ridicule. Au nom de l'amour, de l'amitié...

– ... ou du goût de l'aventure, du romanesque.

– D'un idéal non rationnel en tous les cas ; non pragmatique, mercantile... Tu sais, on n'avait pas besoin de moi pour te contrôler, trouver Valentin. Non, j'ai eu une lubie de groupie. Et je dois dire que... Le reste, ça s'est passé naturellement. Sauf le jeu des aventures marquantes. Un réflexe, et la curiosité. Ensuite, j'ai dû disparaître, mais je n'avais pas fait une croix sur nous. Et je sais que tu as acheté les *Suites* de Reger...

Le chant était trop beau, la sirène trop affolante. Je n'ai pu résister à la houle qui m'emportait. J'ai saisi Circé par la taille et je l'ai attirée vers moi. Elle s'est laissée aller, fondant sur moi comme un fleuve dans son estuaire. Nous nous sommes embrassés lentement et profondément, comme deux zones tectoniques s'accouplant pour former un continent. Quand ma main, glissant le long de son dos, s'est aventurée sous sa petite culotte, j'ai entrevu l'Apocalypse comme un feu d'artifices préludant l'avènement du Nouvel Age, et j'ai souhaité survivre, pour enfin commencer à vivre.

CHAPITRE VINGT-CINQUIÈME

Un monde où nous n'espérerions rien des autres serait un enfer, don Jaime...
(A. REVERTE, *Le Maître d'escrime*)

DEUX JOURS ont passé. Malgré sa promesse de me rendre visite, Circé ne réapparaissait pas. Valentin et moi n'avions aucun contact avec l'extérieur, si ce n'est la poignée de secondes nécessaires à la réception de nos repas, qu'apportaient des valets aussi muets que sourds à nos questions. Troublé par ma relation avec la fille de l'Egyptien, Lorgues me regardait de travers, et je n'osai lui avouer ma folie : j'avais confié mes derniers secrets à ma reine de cœur, notamment la complicité qui me liait à l'inspecteur Prelati. Non pas que je voulusse déposer à ses pieds une naïve preuve d'amour, mais je craignais la réaction de Cagliostro et Ramond, et je pensais que Circé, en cas de situation désespérée, tenterait de nous sauver.

Enfin, un matin, la porte du sas s'est ouverte devant Ramond, suivi de quatre hommes de main.

– Suivez-nous sans faire d'histoires, ordonna le second du Rite égyptien, et tout se déroulera pour le mieux.

– Où nous conduisez-vous ? ai-je interrogé, inquiet.

– Vous changer les idées, vous aérer.

– Je ne crois pas qu'on ait le choix. A moins que vous ne

souhaitiez qu'on leur saute dessus, Val ?

– Pas pour l'instant, répondit Lorgues à voix basse, avec une lueur féroce dans le regard.

Il y avait la mort dans cet œil, la mort d'Ophélie que nous désirions venger mais que je ne parvenais pas à associer pleinement à Cagliostro et à Circé. Mon ami s'apprêtait-il à entreprendre une action désespérée ? Que devais-je faire ? L'arrêter, l'aider ? Pourquoi n'avions-nous pas davantage de temps pour analyser la situation, consolider le puzzle dont les pièces se complétaient, se rapprochaient, mais ne coïncidaient pas encore ?

L'espoir et le désespoir se contorsionnaient dans tous les sens, quand nous prîmes la voie qui menait dans l'énigmatique fourmilière.

Nous avons traversé rapidement la résidence, empruntant halls et couloirs, effleurant sans les découvrir des pièces encombrées de mystères, d'ambitions, de destins.

Nous avons débouché à l'air libre. Des voitures stationnaient sur une aire de gravier rouge. On nous a poussés vers l'une d'entre elles, une Mercedes aux vitres teintées.

– Montez à l'arrière ! a demandé Ramond d'une voix ferme.

– Dites-nous où l'on va. Nous ne sommes pas des moutons qu'on conduit à l'abattoir.

– Si l'on voulait vous éliminer, on le ferait sans risque dans un recoin de notre antre. Vous nous quittez.

– Vous nous libérez ?

– Je vous expliquerai en cours de route.

Nous sommes montés à l'arrière, et la voiture a démarré. Nous étions assis dans un véhicule de star. Une vitre nous séparait de Ramond et du chauffeur en livrée. Je m'attendais à ce qu'on nous propose un verre de champagne. Pas nécessairement celui de l'amitié, mais il me semblait que la situation se décantait, que tout allait prendre un tour plus serein.

Nous avons atteint la grille d'accès du domaine. Elle était très élevée, comme les murs électrifiés qui transformaient le parc en une île inaccessible.

Alors que l'ouverture automatique nous présentait le monde extérieur et la liberté, une seconde vitre, fumée elle aussi, a glissé contre la première. Nous ne distinguions plus rien et un mouvement de panique nous a amenés à risquer la sortie. Les portières étaient bloquées ! Nous avons tambouriné contre les parois et les vitres. En vain. Puis la voix de Ramond s'est élevée, diffusée par un haut-parleur.

– Messieurs, je suis au regret de devoir vous abandonner.

Le voyage se poursuit sans moi. Profitez des prochaines minutes. Ce seront les dernières de vos misérables vies.

La voiture a redémarré, nous emportant vers Charybde ou Scylla. Désespérés, nous nous sommes acharnés contre les parois du véhicule. Avant de nous résigner face à l'inéluctable.

– Pourquoi ces égards si maintenant... ?

– Je crains que la fin de l'histoire ne reste une énigme.

– Et Circé ? Non, je ne puis accepter l'idée qu'elle...

J'ai songé à Ophélie, aux raisons qui m'avaient lancé à l'aventure. Oubliées en cours de pérégrinations, comme dans ces vies qui s'effilochent dénuées d'un sens, d'une justification. Je me sentais aussi nul qu'on puisse l'être, une âme en décomposition.

– Pardon, Philippe. Je vous ai entraîné. Je...

– Ne dites pas de bêtises, Valentin. Tant qu'à mourir, on a entrepris, osé... Plus vécu que le commun des mortels...

Nos voix étaient assourdies. Nous nous apprêtions à prononcer des paroles de tragédie shakespearienne quand nous avons été projetés vers la vitre fumée. La voiture venait de s'arrêter brutalement.

Quelques minutes de confusion. Une attente insupportable. Et puis ma portière qui s'ouvre. Crispé, replié contre Valentin, je m'attends à recevoir une décharge, une rafale. Soudain, l'arc-en-ciel qui a suivi le Déluge. Ce visage énergique qui m'engage à respirer. Je ne rêve pas. Francesco Prelati !

*

* *

– Je suppose que votre Circé, rongée par le doute, a fait des recherches. Il doit y avoir des archives, un ordinateur. Enfin, on n'a pas le temps de faire le point.

– Vous comptez attaquer le domaine ? C'est truffé de galeries, d'issues de secours.

– Circé nous a donné toutes les voies d'accès.

– Elle est à l'intérieur ?

– Je n'en sais rien.

– Je vous accompagne.

– Hors de question.

– Sans nous, vous ne seriez pas là. Vous me devez bien ça. De plus, je connais un peu la configuration des lieux, ce qui pourrait vous être utile.

– Mettez un gilet pare-balles et suivez-moi. Mais vous resterez en retrait, ou je vous assomme.

– Je n'ai ni l'envie ni les moyens de jouer à Rambo.

– N'y allez pas, Sauterre. On n'a pas fait ce chemin pour que vous ramassiez une balle perdue.

– N'espérez pas m'échapper, Lorgues. Après ça, je vous passerai à la moulinette de mes questions.

– Vous serez déçu.

Valentin m'a serré dans ses bras comme un vieux compagnon de tranchée puis il est parti s'asseoir dans l'une des voitures qui nous avaient interceptés, à deux pas des sbires menottés cuisinés par nos sauveurs.

Les minutes qui ont suivi, je les ai vécues comme un tournage de cinéma. Une grille qu'on fait sauter, des voitures qui s'engouffrent dans le domaine, des hélicoptères et des haut-parleurs. Mais je n'étais pas James Bond ou Terminator. J'ai dû rester à l'arrière de mon véhicule blindé, jusqu'à ce que Prelati m'engage à le suivre à l'intérieur de la résidence. Il n'y avait pratiquement pas eu de résistance ou de dégâts, peut-être parce que les membres du Rite égyptien espéraient profiter d'issues de secours et s'étaient fait cueillir en douceur. A moins qu'ils ne fussent mal préparés ou lâches. Ou alors ils préféraient éviter la violence, thèse qu'accréditaient les premiers commentaires d'assaillants décontenancés.

Mais de cela, je me fichais comme d'une guigne, car je n'avais qu'un souci : découvrir Circé. Je suivis donc Prelati et les siens jusqu'au cœur du Rite, terrifié à l'idée que Cagliostro et son bras droit nous opposeraient une farouche résistance, que ma belle maîtresse pourrait se trouver au milieu des coups de feu.

Tout s'est passé très différemment. Après de nombreuses recherches, nous avons découvert le Grand Cophte dans l'une de ses salles souterraines. Il baignait dans son sang. Alors que mes compagnons demeuraient sur le qui-vive, je me suis dirigé vers le père de Circé. Il me regardait approcher sans faire le moindre geste, mais son regard trahissait une émotion inattendue. De la joie, ou de l'espoir.

– C'est une épouvantable tragédie ! a-t-il murmuré en

me prenant la main. Circé a tout détruit par amour pour vous. Et c'est ma faute. Je n'osais pas dire que je me trouvais à Bruxelles au moment des faits... que j'ai assisté à la soirée où Ophélie... Ce n'était pas moi, pourtant. Je ne comprends pas. Je n'ai rien fait contre elle, ni contre quiconque... Nous... Nous voulions le Bien, Sauterre...

– Où est Circé ?

– Retrouvez-la ! Et dites-lui que je n'étais pour rien dans...

– Mais où est-elle, bon sang ?

– Je ne sais pas... Elle nous a téléphoné de l'extérieur, pour nous dire qu'elle avait copié la mémoire de nos ordinateurs... qu'elle filait en Asie...

– En Asie ?

– L'Himalaya ! Elle veut se présenter devant la Grande Loge Blanche, pour être jugée. Ou pour juger... Mais Ramond... Il m'a abattu, parce que je voulais l'arrêter... Il disait qu'il allait la rattraper, la tuer de ses mains... Lui, le représentant de l'Agartha... L'homme placé à mes côtés par le Collège des Douze... Je ne comprends plus, je ne crois plus... Je...

– Comment puis-je la retrouver ?

– Elle a grandi avec ce mythe de la Loge Blanche... Sa mère est morte... Elle a connu les meilleurs écoles, la liberté mais la solitude aussi. Je n'étais guère disponible... Elle s'est accrochée à ce mythe... J'y croyais... J'ai accumulé de la documentation, j'ai rencontré de par le monde...

J'ai deviné qu'il allait rendre l'âme. Je me suis penché vers lui, au bord du désespoir. C'est alors qu'il m'a chuchoté la route à suivre, celle de la Voie.

– Sauterre, a-t-il repris à voix haute, au bord du précipice, sauvez-la. Vous... êtes Sôter... le Sauveur !

– Je ferai tout ce que je peux ! ai-je promis les larmes aux yeux.

– Dire que je pensais... être immortel...

Tels furent les derniers mots du Grand Cophte, et je me relevai abasourdi, conscient que l'histoire n'était pas achevée, que je n'avais pas le temps de recomposer le puzzle, de me reposer, d'essayer de comprendre, de rendre à chacun la place qui lui revenait. Non, je devais filer à l'aéroport de Rome, moi qui avais une frousse bleue des avions ; je devais mettre le cap vers l'Extrême-Orient. Tintin à la recherche de Tchang, mes pas dans ceux d'Alexandra David-Néel. Au bout de la piste, une orchidée sauvage, une edelweiss qu'un monstre hideux projetait d'effeuiller.

EPILOGUE

JE REVIENS à moi, éberlué par ma rêverie. Ai-je vraiment raconté toute mon épopée ? J'ai revécu mes aventures avec un tel souci du détail, comme si j'avais pu visionner la cassette de ma vie, en palpant les pensées, les émotions qui en ont coloré les méandres. Comme si j'avais disposé des mois nécessaires à l'écriture de mon autobiographie.

Mais non. Je n'ai pas quitté la salle basse où la tête avait commencé à me tourner. Je suis au cœur de l'Himalaya, à la recherche de Circé, de Ramond. Je suis dans un monastère qui se situe à proximité de la piste menant à la Porte d'un Autre Monde.

Je tourne la tête en tous sens. La salle est vide, et mon esprit aussi. Si je pouvais ouvrir une fenêtre débouchant sur la Seine, je me croirais à Paris, et cela n'aurait été qu'un cauchemar ou une hallucination.

Je me lève péniblement et traverse la pièce. Près de la porte, à l'extérieur, j'aperçois un moine d'une quarantaine d'années. Il guettait mon réveil, dirait-on, car il se lève à son tour, en souriant, et m'invite à le suivre.

Circonspect, je me coule dans sa foulée et débouche à

l'arrière de la lamaserie. Où sont passés le premier lama et ses amis, mon guide ?

– Prends ce sentier, et tu pourras les rattraper ! fait l'autochtone dans un français impeccable.

– Mais...

– Va. Le temps t'est compté.

Sans comprendre ce qui m'arrive, je sens qu'il n'y a pas lieu de discuter. J'obtempère. Je saisis la veste et le sac qu'il me tend, et me voilà sur une route inconnue, sans guide, avec pour unique consigne d'avancer à la rencontre de mon destin.

*

* *

Après deux heures d'ascension harassante, le sentier se fait léger. Je ne monte plus et, bientôt, je commence à descendre. Je m'inquiète. Dois-je rebrousser chemin, rentrer à la lamaserie et exiger des explications, une aide ? Ces sourires des moines. Jouent-ils avec moi ? Me donnent-ils une leçon parce que j'ai paru trop pressé, emporté ? Bon sang, une vie dépend de ma célérité !

Brusquement, les choses se corsent. Après un tournant abrupt, mon sentier se jette dans un second. Dois-je retourner sur mes pas ou suivre la nouvelle voie, me fier à la pente qui se présente ? Je lève les yeux vers les lacets qui filent vers le ciel et je les aperçois au loin. Trois silhouettes. Ramond et ses deux hommes de main. La partie n'est pas jouée.

Durant une dizaine de secondes, je suis intrigué par leur proximité. Le temps s'est-il suspendu durant ma narration ? Ont-ils été eux aussi envoûtés par mes hôtes ? Et Circé ? Est-elle à portée de voix, d'espérance ? Je ne marche plus. Je cours, je vole.

*
* *

L'imprudence. Je réalise alors qu'il est trop tard. Aucune excuse, si ce n'est que je ne suis pas un héros de papier, un aventurier, un guerrier. Ramond est devant moi, un revolver à la main, un sourire aux lèvres. Il a jailli du néant, ou de derrière un flanc escarpé qui me masquait la vue. Sans doute mes ennemis m'avaient-ils repéré depuis belle lurette. N'aurais-je pu y penser, avoir mon arme au bout du bras ?

– Sauterre ? Des rumeurs, dans les villages, nous avaient rapporté qu'un homme était lancé à nos trousses. Mais je n'aurais jamais cru... Vous êtes étonnant. Presque touchant, pathétique. Quand je pense à ce que vous avez dû traverser, et je songe aussi bien à vos limites spirituelles, intellectuelles qu'aux obstacles spatiaux, matériels. Et tout ça pour finir dans cet Ailleurs qui n'appartient pas à nos univers, cet Himalaya de carte postale.

– Circé ? Vous l'avez...

– Pas encore. J'ai laissé mes deux compagnons lui courir après. Je m'occuperai d'elle plus tard. En attendant...

Ramond lève son revolver. Circé. Ne pas mourir, gagner du temps.

– Avant de m'abattre, faites-moi la grâce d'une explication. Si ce n'est pour moi, faites-le pour vous, que je n'ignore rien de votre envergure véritable.

– De mon envergure ? Vous ne croyez pas si bien dire. Alors, on la joue romanesque. Comme dans ces vieux romans d'aventures : quand le méchant préfère s'épuiser en explications plutôt que de conclure à son avantage. J'ai toujours trouvé cela si stupide. Mais là, je comprends. Et je ne vois pas ce que je risque. La cavalerie US ne risque pas d'accourir au galop...

Ramond s'est assis sur un rocher et, de sa main armée, il m'engage à l'imiter. Plus par prudence que par bienséance, je suppose.

– Il y a quelques décennies, entre les deux guerres mondiales, un groupe secret s'est formé dans les plus hautes sphères de notre Eglise.

– Votre Eglise ?

– L'Eglise catholique, la plus vieille institution de ce monde, la dépositaire privilégiée de notre civilisation occidentale.

– Je croyais que vous la considériez comme une hérésie du christianisme.

– Elle a achevé le judaïsme, synthétisé le christianisme et le platonisme, les héritages celte et romain.

– Nous nous éloignons des préceptes du...

– Mon pauvre, vous n'avez pas la moindre idée des idéaux qui nous animent. Le Rite, Cagliostro, du vent ! Et je ne suis pas plus Ramond de Carbonnières, le fidèle second du Grand Cophte historique, que vous n'êtes le sauveur deviné par le père de Circé.

– Et qui êtes-vous donc ?

– Le fils de Pierre le Romain, le pape de l'Apocalypse !

Du mépris et un éclair de triomphe dans ses yeux flamboyants, tandis que les miens s'arrondissent et que tout embryon de reconstruction du sens s'abîme au fond de mon esprit incendié.

– Reprenons au point de départ. Il y a une soixantaine d'années, une société secrète, l'Ordre Blanc, se forme au cœur des intrigues vaticanes en réaction contre la désagrégation de la puissance européenne. A sa tête, des hommes pragmatiques pour lesquels le christianisme est un ciment fédérateur des nations occidentales, le seul bouclier contre les périls qui menacent une suprématie plus de deux fois millénaire : l'Islam, le communisme ou l'impérialisme capitaliste américano-juif. Le constat est affligeant, et il ne fera que s'amplifier les prochaines décennies : le matérialisme, le rationalisme, les tendances œcuméniques, les remords post-colonialistes, le développement du grand banditisme ou de groupuscules révolutionnaires, autant de maladies qui gangrènent un géant qui pourrait rejoindre la Mésopotamie, l'Egypte pharaonique ou la Rome impériale dans les limbes de l'Histoire.

– Un discours banal pour des fanatiques d'extrême-droite.

– Il n'est pas question de droite ou de gauche, ni même de religion, mais du réflexe naturel de la survie, qui implique la domination. Car les pulsions qui nous animent depuis nos origines animales referont toujours surface. Il faut l'admettre, sans négliger la voie du progrès... Premières stratégies définies par le noyau initial de l'Ordre Blanc : dépasser le cadre des individus et du présent, viser le long terme, le collectif; bannir tout préjugé pour amalgamer les ingrédients nécessaires à la réussite. Une démarche qui vise à tout prévoir, à tout intégrer, à commencer par l'imperfection, l'hostilité...

– Vous restez abstrait.

– Votre esprit rudimentaire a besoin d'exemples ? Soit. Prenons la spécificité de notre religion : elle est monothéiste, encore qu'on pourrait ergoter sur le culte marial ou les subtilités de la Sainte Trinité, mais elle est aussi et surtout exotérique. C'est-à-dire qu'elle se décline à découvert, en manifestations transparentes et simples destinées à tous. Une rupture copernicienne avec le passé, ces systèmes à deux faces, l'une constituée de fêtes populaires à l'usage du peuple; l'autre réservée aux élites, dans le secret des temples.

– Où l'on retourne aux mystères antiques, au Rite égyptien...

– Nous avons compris ce que les despotes éclairés et les dictateurs n'ont jamais assimilé : l'homme sera toujours écartelé entre des pulsions contradictoires. Esotérisme et exotérisme, cartésianisme et fantastique, comme aristocratie et démocratie, spiritualité et matérialisme, survie et suicide, ombre et lumière, repos et activité, fidélité et goût du changement. Nous avons choisi de ne rien éradiquer mais de tout contrôler. L'occultisme est l'ennemi du christianisme ? Eh bien, nous créons un Messie noir qui servira de dragueur de mines, fédérant les sectes qui pourraient nous menacer. Et le moment venu, dans le silence et l'ombre, nous prendrons nos instruments pour tailler, éliminer, affaiblir. Ou nous pousserons nos adversaires les uns contre les autres, leur accordant les victoires anecdotiques qui leur éviteront de se poser trop de questions.

– Va donc pour Cagliostro et le Rite égyptien.

– La partie émergée du Complot.

– Le Grand Cophte mandaté par la Tradition Primordiale, une mystification !

– Comme ces inepties relatives à l'Agartha. Des fadaises à utiliser à bon escient.

– Et la fin du monde ?

– La clé du Complot. Pour revitaliser l'Occident, lui rendre moral et solidarité, une idée géniale de mon père : réaliser les prédictions bibliques et prophétiques, mais en détourner les fins apparentes.

– Au mépris des intentions du Créateur ?

– Quelles sont-elles ? Comment pourrait-on les connaître, vu qu'il est acquis, pour toute personne intellectuellement saine, que les Evangiles et l'Apocalypse ont subi maintes retouches, s'ils n'ont pas parfois été fabriqués ! D'ailleurs, je vais vous confier le terrible secret du catholicisme. C'est Jean, le disciple préféré, qui devait prendre la succession du Christ. Mais il a été évincé par Pierre, l'homme qui a sorti le glaive, qui a renié... Récemment, un document compromettant, caché dans les Archives secrètes du Vatican, a été redécouvert fortuitement et menaçait d'assommer le Saint-Siège. Mais nous sommes intervenus.

Effaré, je songeai aux propos de Prelati. Ces morts mystérieuses à Rome.

– Vous vous faites le héraut du catholicisme, et...

– Ne soyez pas naïf. Arrivé à un certain degré d'intelligence, il devient plus aisé d'assimiler les paradoxes... J'en reviens aux héros de la *vox populi :* Nostradamus, Malachie, saint Jean, Fatima et La Salette. Il faut convaincre le monde de l'authenticité de leurs messages. Car, s'ils se confirment, les rangs des moutons se resserreront autour de notre Eglise, et l'Occident redeviendra omnipotent.

– Mais ils annoncent la fin de Rome, vos prophètes.

– Justement. Pas la fin du monde. Ni même celle de notre Eglise catholique. Il suffit de dissocier catholique et romain. Comme le Christ a renouvelé la tradition hébraïque, Pierre le Romain fera table rase des errements vaticans. Nous sommes prêts, et ce ne sont pas les derniers événements qui nous arrêteront. On devra se passer d'un élément de notre éclatante démonstration, à moins que nous puissions présenter un nouvel Antéchrist, mais on y arrivera. Jean-Paul mourra peut-être naturellement, mais nous nous chargerons de son successeur, pour que devienne pape un cardinal romain, qui prendra le nom de Pierre II et revendiquera une ascendance juive.

– Ce qui achèvera de boucler la boucle.

– Et il sera légitimé par saint Jean...

– ... que vous assimilerez au Prêtre Jean des mythes médiévaux ?

– Félicitations. Mais écoutez la suite. Sur ces entrefaites, on découvre inopinément à Compostelle...

– ... le Saint-Graal ?

– Presque. Des ossements vieux de deux mille ans qui seront attribués à saint Pierre, ce qui fera de Rome une usurpatrice, justifiera les erreurs du Vatican et légitimera le transfert du Saint-Siège en Galice.

– C'est impossible ! Comment tromper les archéologues ?

– Inutile. Nous détenons les restes du premier pape, depuis les fouilles entreprises sous Saint-Pierre en 1939 !

– C'est...

– ... génial ! Imaginez un nouveau Saint-Siège sur un site vierge de toute souillure, qui symbolise la foi la plus pure, celle des pèlerinages médiévaux qui reviennent à la mode. Et vous savez ce qu'on fait du Vatican ?

– Vous le détruisez, pour que les prophéties s'accomplissent.

– Juste ce qu'il faut. Quelques bagatelles spectaculaires. Et on revend le patrimoine au privé, sous prétexte de consacrer la fortune immense ainsi acquise aux déshérités du monde entier. Par exemple, en édifiant un réseau d'enseignement...

– ... qui vous assurera le contrôle des âmes !

– Bien sûr. Et discrètement, notre trésor de guerre nous permet d'équiper une super-police qui liquide la maffia et autres vermines. Mais il est temps de nous quitter.

– Attendez. Je voudrais savoir. Ophélie...

– Cagliostro, comme Lorgues vous l'a décrit. Un cas, ce garçon... Je tenterai de le récupérer.

– Mais Cagliostro m'a juré...

– Evidemment, puisqu'il ne savait pas

– Quoi ? Je... je ne comprends pas.

– Simple. L'arroseur arrosé. Ici, le détenteur de pouvoirs paranormaux circonvenu par plus fort que lui.

– C'est vous qui...

– Je l'ai hypnotisé à son insu.

Je voudrais lui arracher les yeux, le cœur, mais le canon du revolver monte lentement, et je sais que je ne parviendrai pas à bondir jusqu'à lui.

– Beaucoup de choses vous échappent encore, mon cher. Des pouvoirs, des événements dont vous n'aurez jamais idée.

Il va appuyer sur la détente. Je recule contre la paroi, m'attendant à sentir mes chairs fourragées. Mais aucune détonation ne brouille l'indifférence des cimes enneigées. Veut-il jouir de ma peur ? Espère-t-il me voir pleurer, le supplier ? Guidé par la haine, je m'arrache à ma torpeur et cherche fébrilement mon arme. Peut-être l'emporterai-je dans la tombe... Soudain, je l'entends rugir de colère et je lève les yeux vers lui, ahuri. Il a perdu de sa superbe et contemple son revolver, déchiré par l'incrédulité.

– Ces moines ! Non seulement ils nous ont ralentis, mais ils ont déchargé nos armes. Puisqu'il le faut, je vous tuerai de mes propres mains.

Ramond s'approche en écartant les bras à la manière d'un monstre de gore, mais son sourire se fige quand il aperçoit l'éclat métallique qui lui fait face, et il recule stupéfait.

– Les rôles sont inversés.

– A moins qu'ils ne vous aient aussi désarmé.

– On sera vite fixé.

Je vise l'être odieux situé au bout de ma quête. Il se recroqueville, rongé par le doute, l'angoisse. Je baisse le canon et actionne la détente. Une détonation. Les rapports de force ont basculé et, l'espace d'un instant, je songe au rôle des lamas, puis je jette un regard vers les neiges éternelles, qui n'ont pas réagi à l'offense. La peur envahit Ramond durant quelques secondes au cours desquelles mes yeux s'enfoncent dans les siens comme le scalpel d'un chirurgien revendiquant l'héritage de Jack l'Eventreur. Puis l'esquisse d'un sourire renaît sur les traits glacés du monstre, brisée par une nouvelle détonation.

– Pas de ça avec moi, Ramond ! Baissez la tête ! Si vous me regardez, je vous descends illico !

– Vous êtes plus fort que je ne le pensais, Sauterre, et vous avez beaucoup de chance, trop d'alliés inattendus. Je finirais par croire que ce brave Cagliostro avait raison, que vous êtes marqué, prédestiné à... à nous mettre des bâtons dans les roues.

Un silence. Puis une résolution brutale, sauvage.

– Tout ce que Valentin et moi avons entrepris, c'était pour parvenir à venger Ophélie. Maintenant que l'occasion se présente, je ne peux reculer.

– Que voulez-vous dire ? Vous n'allez pas...

– ... vous abattre comme un chien ? Si.

– Attendez. Une vie contre une vie. Je vous ai enlevé Ophélie mais je peux vous rendre Circé. Sans moi, vous ne l'aurez jamais : mes hommes sont des tueurs professionnels qui vous abattront immanquablement, ou Circé, car s'ils ne me voient pas revenir...

– Et pourquoi ne l'auraient-ils pas déjà éliminée ? dis-je d'une voix assourdie.

– Parce que je voulais la posséder avant de la tuer. Je... j'en suis fou... Je ne montrais rien, vu le détachement requis, mais...

– Votre haine à mon égard : la jalousie ! Ce qui aurait pu éveiller les soupçons du Grand Cophte.

– J'ai même arrangé l'évasion de Lorgues, en empoisonnant l'un de mes hommes... pour vous griller, vous éloigner définitivement d'elle.

– Vous me considérez comme un grain de sable, mais si je parviens à enrayer la mécanique... La passion vous a fait commettre des folies, et d'autres lamineront la belle compacité de votre Ordre Blanc. La jalousie, le goût du pouvoir...

– Peut-être...

– Quoi qu'il en soit, reprends-je en articulant chaque mot, votre présence ne me serait guère utile. Je ne veux pas revivre la scène classique de l'échange des otages. Ça se terminerait mal pour moi.

– Vous avez ma parole que...

– Je n'aurai jamais confiance en vous.

– Non ! Ne tirez pas !

– Votre organisation continuera à fonctionner sans vous, non ? Et votre bon vieux complot peut encore réussir.

Un assassin de la pire espèce. Ophélie. Ne pas faiblir, ne pas lui laisser une seconde chance, lui faire payer.

Une détonation. Ramond, la cuisse droite perforée, tombe à genoux devant moi. Toute suffisance a disparu. Il n'est plus que lâcheté et terreur. Une deuxième balle lui traverse la jambe gauche. Je n'en ressens aucun plaisir, alors que je pensais... Un profond malaise, car il m'est difficile de faire souffrir. Mais je sens que je dois le pousser dans ses derniers retranchements.

– Pitié ! Je... Je ne veux pas mourir. Sauterre... Vous êtes beaucoup plus... Je vous ai sous-estimé... Mais j'ai un marché à vous proposer.

– Encore ?

– La... la clé de l'Ordre Blanc ! Je peux vous donner les moyens de remonter la filière. Vous pourrez participer aux plus nobles desseins. L'argent, le pouvoir...

Nous y sommes. Là où je voulais confusément parvenir. La proposition est énorme et je n'ai pas le temps de l'analyser. Pourtant, je concentre ce qui me reste d'énergie vitale dans une ultime réflexion. Quelques poignées de secondes, suspendues entre le ciel et l'enfer.

– Je vous écoute, Ramond, finis-je par murmurer en serrant les dents.

– Je ne vous trompe pas. Regardez... ce collier autour de mon cou, ce tube métallique...

Et il se met à parler à n'en plus finir, soulagé, comme s'il se confiait à un nouveau frère, et ma tête enfle. L'ivresse des hauteurs. Mais lesquelles ?

A la fin, un silence, plus long et plus pesant. Je le sens rassuré et j'en souffre avec acuité, secoué par une houle d'émotions contradictoires. La haine et la pitié. La responsabilité et l'éthique. Puis la décision s'impose, menhir enfoncé dans la terre meuble.

– Ouvrez votre veste.

– Mais...

– Vite !

Le fils du futur Pierre II obtempère, attendant une explication. Mais à la place, il reçoit une balle en pleine poitrine et s'effondre en me lançant un regard hébété.

Tu es vengée, Ophélie, et tu m'apparaîtras à présent paisible et souriante, comme j'aimais à t'imaginer un jour, comme je te reconstruirai.

*
* *

Quand je les aperçois, mon cœur se serre : Circé est en leur compagnie. Ils sont à une centaine de mètres, ils m'attendent. Ou plutôt ils guettent le retour de celui dont je porte les vêtements. Mais, alors que je me rapproche, les deux tueurs s'agitent. Malgré ma veste, mes lunettes de soleil ou mon bonnet, ils ont dû remarquer quelque chose. Je tablais sur une attention superficielle, mais ce sont des pros. L'un d'eux m'interpelle dans une langue qui m'échappe. Je joue mon va-tout, avançant rapidement, tendu, résolu, vers des sbires décontenancés. Je vois mes ennemis dégainer. J'ai peur mais je marche encore, saisissant à mon tour mon revolver.

Je m'arrête alors que mes adversaires veulent tirer et se découvrent impuissants. La terreur change de camp. Je vise les scélérats. Une détonation, suivie d'un cri de douleur et d'un fracas. A peine ai-je le temps de me retourner que me voilà emporté par une lame de neige. L'injustice, l'iniquité du destin. Je me sens mourir, et Circé, et le monde entier.

Un moment de chaos, de détresse. Puis j'émerge. Je vis ! Mon corps est enseveli et je ne parviens pas à me relever, mais le haut de mon buste est libre, et un bras. J'essaie de distinguer Circé et ses gardiens. Je les aperçois. L'une des crapules a été blessée mais elle tient encore debout. Ils ont saisi ma reine de cœur. Que font-ils ? Le précipice, là !

– Circé !

Elle me regarde désespérée, elle se débat. Ma vue se brouille. Est-ce l'engourdissement par le froid ou la conséquence d'un traumatisme ?

Soudain, une image qui m'apparaît ressortir du domaine du rêve. Les deux tueurs ont lâché Circé et se tiennent le cou.

Puis ils chavirent et s'effondrent, abattus par deux flèches tombées du ciel.

Ma vue se brouille davantage. Il me semble que Circé, qui avait glissé, se relève et accourt dans ma direction. Quand mes yeux se ferment, un dernier reliquat de lucidité me hurle que c'est impossible. Un rêve compensatoire. Je suis en train de mourir !

*

* *

Le visage écrasé contre le hublot, je ressens la mise en abîme de ma vie. Un pont suspendu entre Rêve et Réel. Ou plutôt entre deux univers parallèles aux frontières relâchées, car les nuages qui attirent mon regard existent-ils moins que les sièges ou le steward de cet avion ? Leur présence, seulement, est moins palpable, plus furtive, comme chargée d'un érotisme spirituel qui n'a encore fait l'objet d'aucune étude.

Que s'est-il donc passé là-bas, dans cet Ailleurs situé au cœur de l'Himalaya ? Circé m'a raconté que nous avions été sauvés par des archers aux visages dissimulés sous des masques de dragons. Ils nous auraient ramenés au dernier monastère, où nous avons été soignés et hébergés durant des jours. Sans une explication. Simplement une attention profonde, où nous avons cru lire du respect et même de l'affection. J'avoue n'avoir rien compris ni aux événements ni à la sollicitude. Pour Circé, par contre, tout est lumineux : nous avons atteint la dernière marche menant à l'Agartha, mais nous n'avons pu la franchir. Elle croit que les lamas qui nous ont recueillis sont en contact avec le Royaume du Roi du

Monde, que celui-ci a suivi notre odyssée et nous a protégés. Existe-t-il une vallée édénique au cœur de la chaîne de montagnes, un paradis souterrain d'où des maîtres veilleraient sur le monde ? Je n'en sais fichtre rien, mais j'ai appris à faire mienne la réflexion d'André Breton :

« La plus grande faiblesse de la pensée contemporaine me paraît résider dans la surestimation extravagante du connu par rapport à ce qui reste à connaître ».

Faudra que je signale mes progrès à ce vieux Lorgues. Bien sûr, il aura encore disparu et je ne lui connais aucune adresse. Mais je sais qu'il m'attend, que nous nous retrouverons, même s'il m'en veut de lui avoir interdit de m'accompagner. Il finira par l'admettre : Ophélie, c'était une histoire que nous nous partagions, pas Circé. Et puis, il fallait que l'un d'entre nous survive, veille à la bonne fin de l'histoire. Nous réunirons-nous un jour prochain autour d'une table, comme dans les *Astérix* ? Avec Nadège et Patricia, les Andreani et Prelati ?

Et l'avenir ? Les performances d'Ophélie ou Valentin, mes lectures m'ont donné à penser. Si la voyance existe aujourd'hui, elle a existé hier. Mais alors, ce qu'ont annoncé des Nostradamus, des Malachie... ? Et saint Jean, le New Age, les théories universelles relatives aux cycles de l'Histoire ? Notre aventure ne constitue-t-elle qu'une répétition générale, un prélude à la véritable Apocalypse ? Quoi qu'il advienne, j'aurai la satisfaction d'avoir apporté mon obole à la lutte de l'Humanité contre tout ce qui la dépasse, la menace. Et ce n'est pas fini : il me faudra trouver à qui transmettre la clé de l'Ordre Blanc. A la police, aux services secrets ? Ou à la maffia ? Oui, la maffia qui, elle, ne s'embarrassera pas des étiquettes des coupables, ne se perdra pas en manœuvres politiciennes. Quand cette grande patriote aura vent du sort qu'on lui réserve ainsi qu'à la primauté vaticane, la tête de la Méduse tombera. Enfin, je l'espère, même si l'Ordre présente des séductions. Comme le discours de Ramond. Oui, j'ai hésité, car je me suis trouvé confronté à de tels enjeux ! Mais je me suis rappelé qu'aucun système n'est parfait, qu'aucune analyse n'a jamais mis à nu toutes les implications. Et j'ai décidé de m'accrocher à un principe qui est la prédominance de l'humain sur l'idée. Aucune théorie, aucun système religieux ou politique ne vaudra jamais qu'un être innocent souffre ou meure. Et une seule Ophélie suffira toujours à condamner sans pitié n'importe quel Ordre Blanc ou Noir.

Dans ma main gauche, une autre qui s'agite, comme si elle voulait m'inspirer sa conclusion. Et je me retourne lentement, conscient que ma quête s'apparentait aux gestes médiévales de la Table Ronde. Certes, je ne possède ni l'allure ni la force des Arthur, Lancelot, Gauvain et autres Perceval.

Pourtant, tel Galaad, j'ai pu, moi, découvrir le Graal. Et, malgré les embûches, je le ramène dans mon château.

Circé, fleur de ma vie, je trouverai le jardin où tes pétales frémiront sous la caresse du bonheur.

L'auteur tient à remercier tout particulièrement
Christian Buenzod , David Giannoni, Liliane Schraûwen ,
Laure W. et Colo de Wergifosse ...

... mais aussi Stéphane Parent, César Gérain,
Antonino Berenato, Roger Gaillard et ses collaborateurs
Jane Sctrick, Elisabeth Laborde-Nottale
et Jean-Charles de Fontbrune.

Composition : Atelier Callista,
à Genève

Achevé d'imprimer le 7 mai 1999
sur les presses de l'Imprimerie Lienhart,
à Aubenas